KUWEI
酷威文化
图书 影视

管理的
100个基本

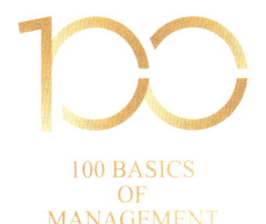

100 BASICS
OF
MANAGEMENT

周路平 · 著

四川文艺出版社

图书在版编目（CIP）数据

管理的100个基本/周路平著. — 成都：四川文艺出版社，2024.7. — ISBN 978-7-5411-6999-1

Ⅰ．F272

中国国家版本馆CIP数据核字第2024GU7403号

GUANLI DE 100 GE JIBEN
管理的100个基本
周路平 著

出 品 人	冯　静
出版统筹	刘运东
特约监制	王兰颖
责任编辑	卫丹梅
选题策划	张贺年
特约编辑	陈思宇
营销统筹	张心怡
封面设计	八牛·書裝·設計　3450844@QQ.COM
责任校对	段　敏

出版发行	四川文艺出版社（成都市锦江区三色路238号）		
网　　址	www.scwys.com		
电　　话	010-85526620		
印　　刷	天津鑫旭阳印刷有限公司		
成品尺寸	110mm×180mm	开　　本	32开
印　　张	9.5	字　　数	100千字
版　　次	2024年7月第一版	印　　次	2024年7月第一次印刷
书　　号	ISBN 978-7-5411-6999-1		
定　　价	49.00元		

版权所有·侵权必究。如有质量问题，请与本公司图书销售中心联系更换。010-85526620

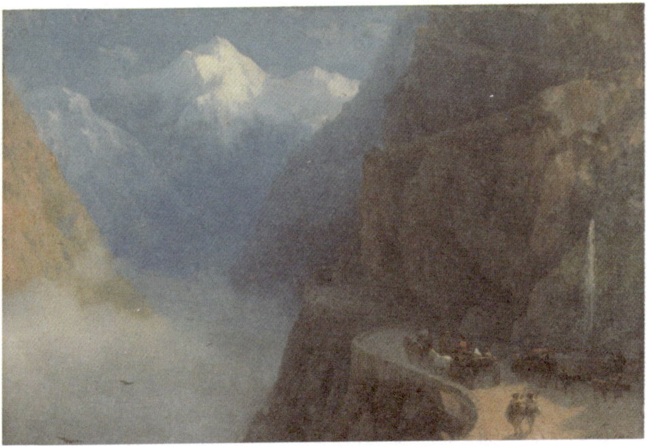

001

101℃理论：

在绝境中找到新的生机

水的沸点并不永远是100℃。

根据物理学的定义,在标准大气压下,水的沸点为100℃。当高于标准大气压时,水的沸点也会发生变化,将高于100℃。也就是说,当外界条件发生变化时,你以为市场或团队已经到达顶点,但其实还存在很大的提升空间。这便是101℃理论。

从自然角度看,气压变化的来源可以是天气、海拔高度,也可以是大气运动。而作为一个管理者,压力变化更是来自方方面面。从政治、经济、法规等宏观变化,到所处行业、公司组织、团队规模等微观调整,稍不注意,便会陷入"沸点不沸"的100℃困境。

随着ChatGPT横空出世,人类社会即将迈入新的时代,发生天翻地覆的变化。曾经成熟的管理者,也将在更高的"大气压"下,迎来新的挑战。101℃理论的核心便在于让管理者打破常规思维,学会带领团队在绝境中找到新的生机。

002

羊群效应:

学会培养你的头羊

当朋友圈里的人都在"晒"一样东西时，你会跟着"晒"吗？如果答案是肯定的，那你该了解下羊群效应了。

羊群效应最早源自土耳其牧羊人的观察：在羊群中，当第一只羊不慎掉落悬崖，后面的第二只羊、第三只羊都会跟着头羊跳下去。人类作为群居动物，在某种程度上，与羊群有着同样的"盲从"特征。在著名的《乌合之众》一书中，作者将群体的盲从心理剖析得淋漓尽致，有兴趣可以阅读看看。

管理一个团队，就像是管理一群羊，让他们去该去的地方、完成该完成的工作，因此头羊的角色尤为重要。管理者可以选择让自己成为头羊，但我更建议在团队内部培养头羊，因为这样效率更高。管理者作为牧羊人，只需要挑选并培养一只头羊，头羊便会引发羊群效应，自动带着整个团队前进。而管理者可以将精力解放出来，去为企业创造更大的价值。

拓展阅读书目：《乌合之众》，古斯塔夫·勒庞。

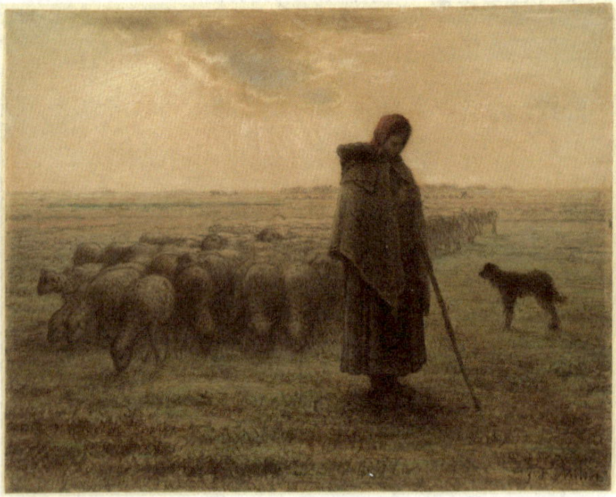

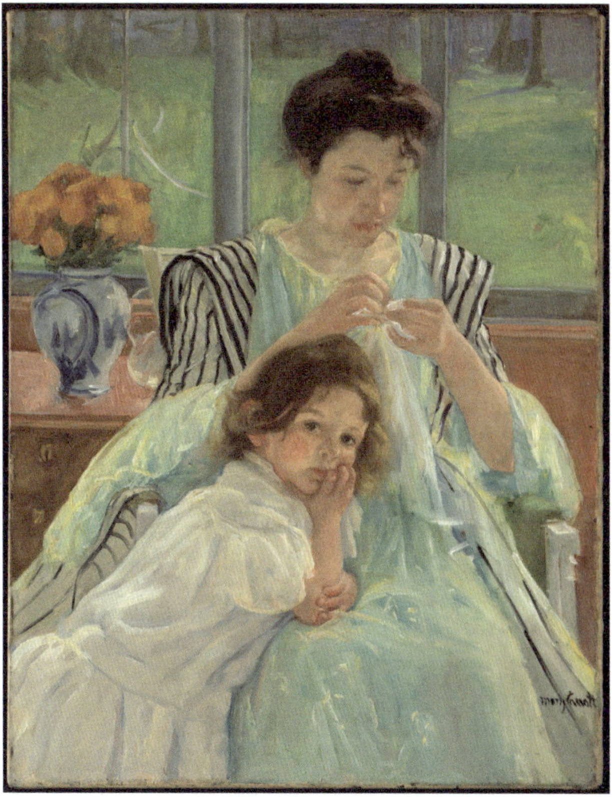

003

波特五力分析模型:
你必须懂的竞争分析

波特五力分析模型由迈克尔·波特提出。他认为，在行业竞争中存在五种竞争力量，它们彼此角逐，影响着行业竞争的激烈程度。这五种力量分别是：

- 供应商的议价能力：试想你是管理者，供应商对某款产品提高了报价，你该怎么办？这就是供应商的议价能力。

- 购买者的议价能力：如果你的大客户现在要求你给他一些价格优惠，你该怎么做？可以接受吗？如果不接受，他会去找其他人买吗？

- 潜在竞争者进入的能力：行业壁垒的高低决定着潜在竞争者的多少，例如奶茶店，因为壁垒不够高，满大街都是潜在竞争者。

- 替代品的替代能力：现在到处都是大牌平替，你的产品是否存在平替，也决定着竞争的格局。

- 同行业内的竞争者：你最大的敌人也是最不可忽视的力量。

制定竞争策略时，记得从五力出发，全面分析，明智竞争。

004

学习型组织:
以变求不变

1990年，麻省理工学院的管理学大师彼得·圣吉写了一本《第五项修炼》，书中提出了企业提升竞争力的五项修炼之道：

第一项修炼：超越自我（Personal Mastery）

第二项修炼：提升心智模型（Improving Mental Models）

第三项修炼：建立共同愿景（Building Shared Vision）

第四项修炼：团队学习（Team Learning）

第五项修炼：系统性思考（Systems Thinking）

这也成为今日学习型组织的理论基础。所谓学习型组织，是指企业管理者通过不断学习让员工保持知识更新、让企业保持创新活力，形成的一个以知识和创新驱动的良性循环的企业组织。

变化是这个世界唯一不变的真理。在快速求变的时代，打造学习型组织，才是让企业不被淘汰的关键。身为管理者，要从自身开始做起，先成为一个终身学习者，再带领团队成为一个终身学习的组织。

拓展阅读书目：《第五项修炼》，彼得·圣吉。

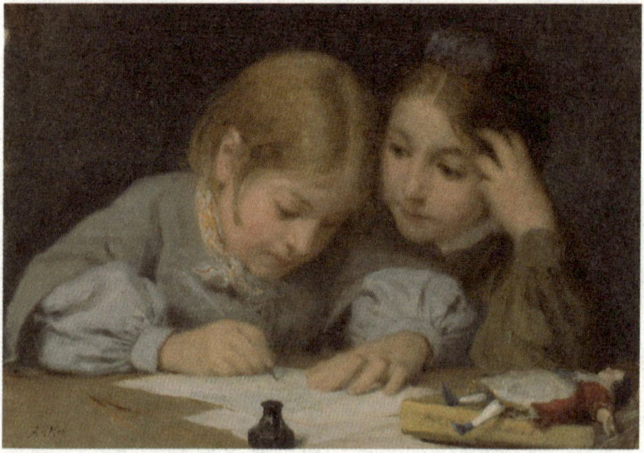

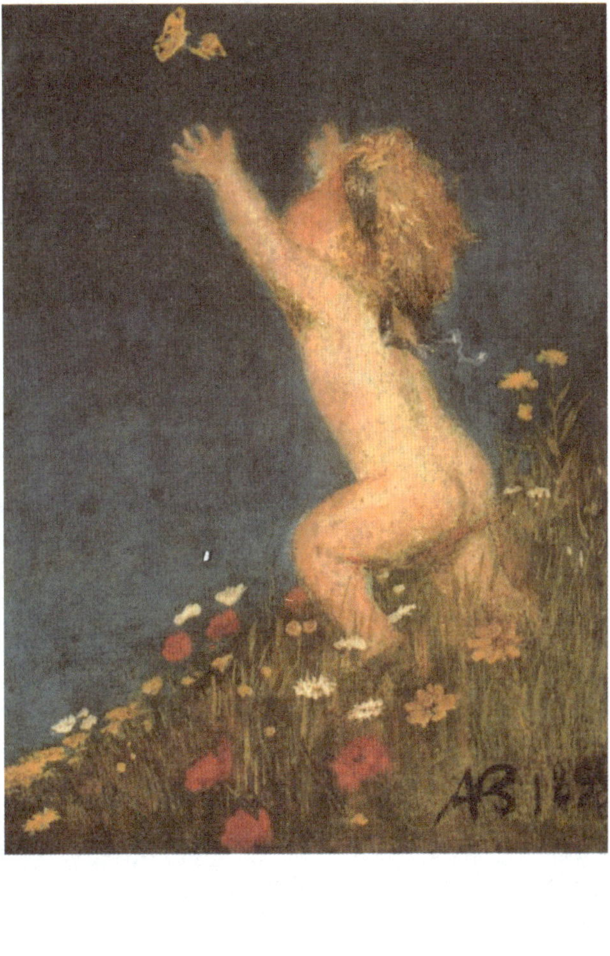

005

532 绩效考核模型：
让员工既竞争又合作

作为管理者,你是否经常为员工绩效考核而头疼?不如试试532绩效考核模型。

532绩效考核模型是国际权威的员工绩效考核模型之一。顾名思义,"532"的意思是将企业的利益按照个人5、团队3、企业2的比例进行分配。举个例子,假设某件商品的净利润为100元,则将50元分给个人,30元分给团队,20元分给企业。

532绩效考核模型的优势在于,能非常有效地解决员工内部的过度竞争问题。不管是大公司还是小公司,过度竞争是通病,经常有员工为了抢夺客户而争得头破血流,反而白白便宜了竞争对手。532绩效模型既能在一定程度上激励员工冲刺业绩,又能提醒管理者注意培养员工的合作意识——共同把蛋糕做大,才能分到更多的蛋糕,从而让企业发展得越来越好。

006

倒金字塔管理法：

学会让渡决策权

"稍等一下,这件事我需要问问我的领导。""不好意思,我们老板在出差,这个项目得他来把关。""对不起,这件事我做不了主。"……你一定听过这样的话。如果你当时很着急,听到这样的话时,一定很生气。而倒金字塔管理法(Pyramid Upside Down),可以解决组织中权力分配的难题。

倒金字塔管理法最早由北欧航空公司总裁杨·卡尔松提出,他打破了传统正金字塔式管理模式,选择将权力下放给一线的执行者。这样做的好处有三个:第一,一线人员与客户直接打交道,一定的放权能提升客户的体验;第二,能让企业内部人人产生责任感,激发员工的活力与激情;第三,在时刻求变的市场,员工能及时做出应变,帮助企业抓住每个商机。

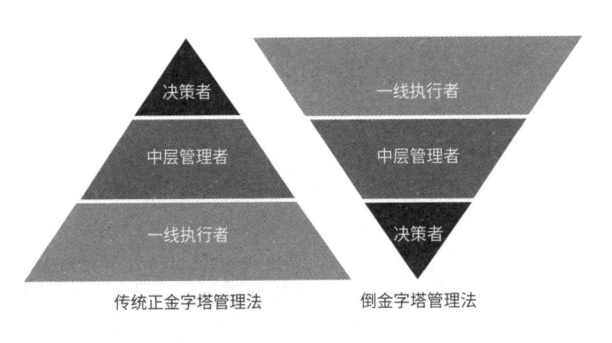

传统正金字塔管理法　　倒金字塔管理法

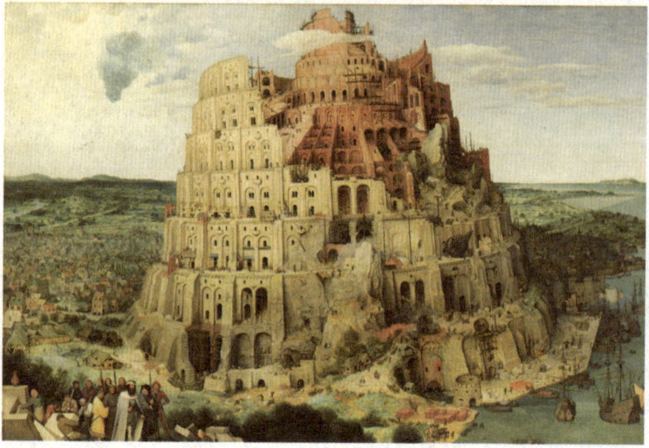

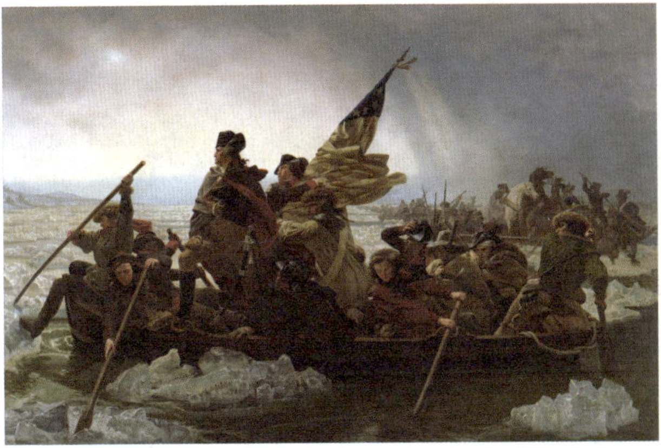

007

阿米巴经营:

打造生命力最强的企业

什么是阿米巴？阿米巴是一种单细胞原生动物，它能够根据自然环境的变化来改变自己的体形，不断通过自我变形来适应生存环境，因此它还有一个名字叫作"变形虫"。它因为具有强大的适应能力，成为地球上最古老、生命力最强的生物。

顾名思义，阿米巴经营就是让企业像变形虫一样，能够根据外部市场环境来动态调整组织结构，从而让企业在激烈的竞争中存活下来。

它最早是由日本著名的企业家稻盛和夫提出来的，即将企业划分为一个个小团队，每个团队都像一个小企业一样，有自己的目标亦承担自己的责任。目前很多互联网公司采用的便是阿米巴经营法，如今俨然已经成为国民级APP的抖音，当初也正是从一个阿米巴团队中孵化而来。

008

破窗谬论：

警惕团队虚假繁荣

"如果玻璃老是不破,还要修理工做什么?"这是经济学家巴斯夏的理论。他认为破坏不仅不是坏事,反而能够通过刺激经济活动,促进社会繁荣。这便是破窗理论。如果你多加留心,便会注意到它常在灾难发生时被人引用,例如地震、洪灾,甚至是战争。

你是不是觉得这个理论听起来好像没问题,但仔细一想又有些荒谬?的确很荒谬,所以它又被称为破窗谬论。

事实上,假设玻璃没有被人打破,玻璃的主人仍然会消费,这笔钱或许用来吃饭,或许拿去购物,同样会促进社会繁荣。在团队管理中,也会出现同样的情况,作为管理者,一定要学会看透现象直击本质,切莫被虚假的繁荣所蒙蔽。

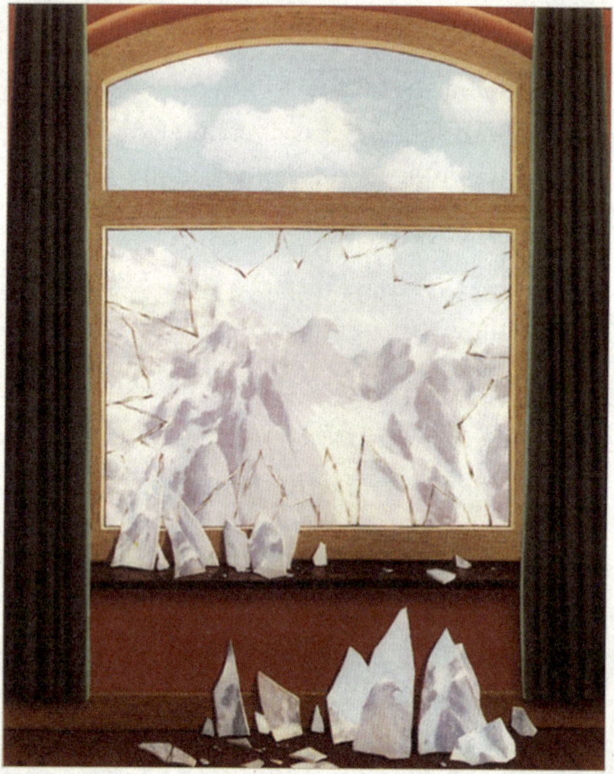

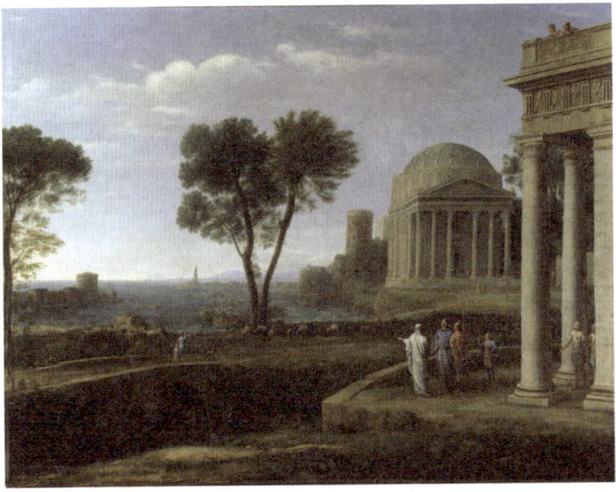

009

不确定性决策:
不确定是唯一的确定

世界经济飞速发展，如何在外部不确定的情况下做出明智的决策，成为管理者的一大挑战。而在未来三十年，高度不确定的情况更是会频繁出现，学会制定不确定性决策紧急而重要。

不确定性决策制定流程：

•信息收集。请注意，是相关性高、准确性高的关键信息。在这个信息爆炸的时代，切莫让无关紧要的信息污染你的头脑，从而做出错误决策。

•决策评估。做不确定性决策有很多方法，如拉普拉斯决策准则、乐观系数法、最小最大后悔值法等。不论采用哪个方法，都要做好决策评估。可以从宏观政策、行业趋势、企业现状来动态评估，既要考虑现在，也要评估未来，列出优势和劣势，辅助决策。

•及时调整决策。请记得，作为船长，要适时根据风向调整船的航向。

010

幂律分布：
找到那个关键点

你敢信吗？太阳耀斑强度分布、战争规模分布、计算机文件大小分布、书籍销售量分布、电影获得奥斯卡奖项数分布的分布规律一模一样，都属于幂律分布。

什么是幂律分布？

从数学角度解释，即"节点具有的连接数和节点数的乘积是一个定值"。举个例子，假设一个房间里拥有100元的人有1个，那么拥有10元的人就有10个，而拥有1元的人则有100个。这种高度不平均的分布现象，就是幂律分布。

幂律分布无处不在，这便给我们启示：所有的系统都存在最关键的点，不论是思考还是做事，一定要抓住那个点。就像上面的例子中，如果你推开房门，能找到那一个拥有100元的人，何必要再浪费时间去找100个拥有1元的人呢？

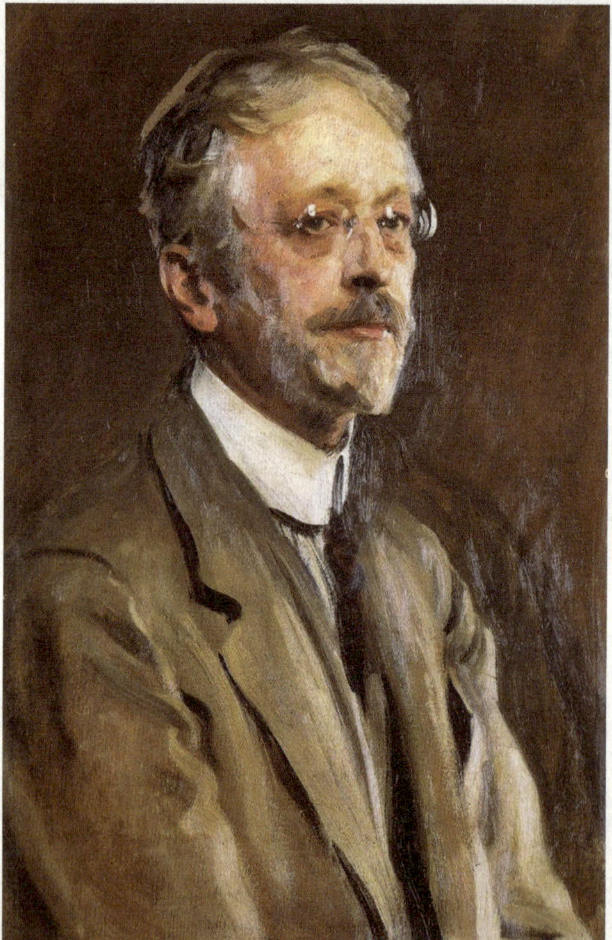

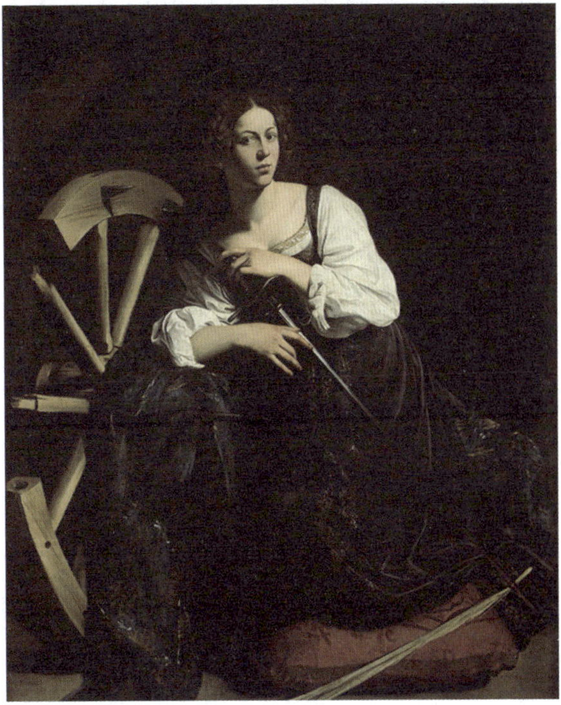

011

风险性决策:
学会缩小风险阈值

假设你的团队为了提升业绩,提出了两个解决方案:A方案是通过营销提升老产品的利润;B方案是通过研发开拓新产品,你会怎么选?

我们先来分析下,其实无论是A方案还是B方案,都会遇到市场难题(需求高、需求一般、需求低),且这些难题发生的概率都可以进行测算。当面对这种无法确定的情况,但又明确每个方案都带有一定风险性的决策,便是风险性决策。

风险性决策又名"随机决策""统计型决策",也是日常生活中最常见的决策方式。面对风险性决策,作为管理者,可以集合团队通过成本效益分析法、敏感度分析法、决策树分析法等从不同角度对方案进行测算,随后选择当前对企业来说风险最小的方案进行尝试,尽可能缩小风险阈值。

012

滚动计划法:
动态制订你的规划

滚动计划法是一种制定企业未来规划的方法。

它遵循"近细远粗"的原则,即近期的计划尽可能详细,远期的计划则可以粗略一些,并将近期与远期的计划结合在一起,在每阶段近期计划完成后,根据外部环境变化和执行结果,对原本的计划进行校正。同时,将整个计划向前移动。

举个例子,假设你原先制订了 12 个月的计划,分 12 个阶段执行,在第 1 个月结束后,你调整接下来 11 个月的计划,同时拓展到第 13 个月,即你的计划周期永远是 12 个月,动态往前自动延伸。

相比周期性的静态计划,这种动态制订计划的方法,具有以下优点:

- 短期计划与企业长期愿景相结合,战略方向始终不变。
- 计划弹性更强,可随时调整,适应时刻在变化的当下。

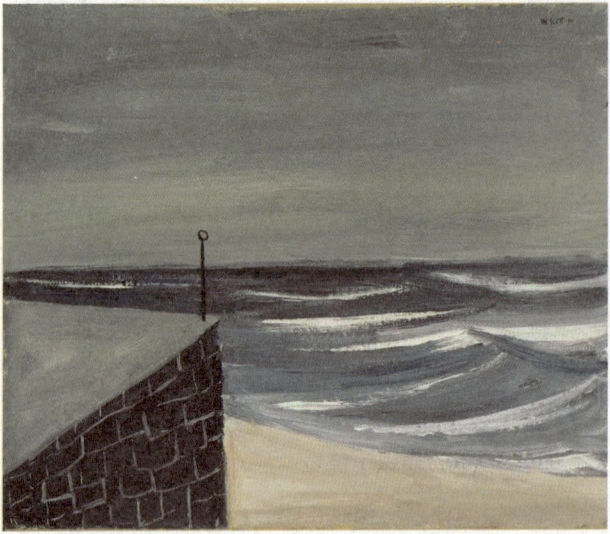

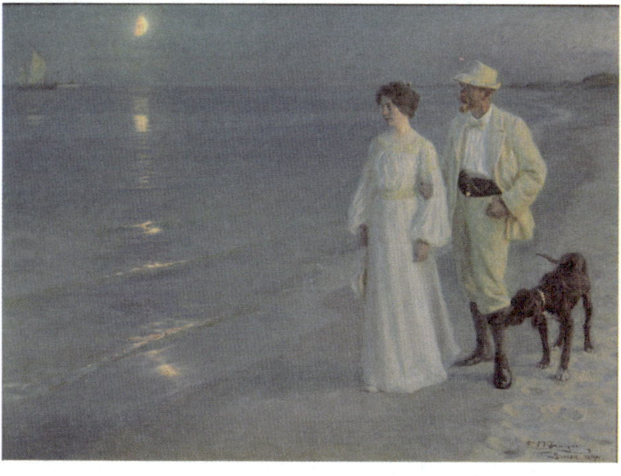

013

管理幅度：
你适合管几个人？

有一天，刘邦问韩信："以孤的才能，你觉得能统率多少士兵？"

韩信答："十万。"

刘邦有些不高兴："那你呢？"

韩信说："我嘛，当然是越多越好。"

说完见刘邦神色难看，韩信才反应过来，赶忙解释："我说的十万，是十万将领。"

"十万"便是一个管理幅度。

管理幅度，即一个领导直接管理的下属人数。管理幅度大，表示下属多，团队相对比较扁平，沟通成本低，但同时因为管理者少，管理难度也较大。管理幅度小，表示下属少，团队偏垂直化，管理难度低，但由于管理严格，沟通成本也会飙升，团队产出效率相对较低。

所以，管理幅度并没有完美的值，最重要的是根据企业实际情况来安排。创新型企业管理幅度大更好，而如果是具有明确流程的业务团队，那么管理幅度小更适合。

014

激励保健因素：
正确激励你的员工

20世纪50年代,美国行为科学家赫茨伯格做了一项研究调查。调查围绕两个问题:在工作中,你对哪些事情感到满意,并预估其正面情绪能持续多久;你对哪些事情感到不满意,并预估其负面情绪能持续多久。

根据调研结果,他发现,让员工感到满意的事情,都与工作内容有关,而让员工感到不满的事情,则都与工作环境、职场关系有关。因此,他将结果分为两类,前者定义为激励因素,后者定义为保健因素。

作为管理者,从激励保健因素可以学到:

●不是所有激励都能激起员工的积极性,只有符合激励因素的才可以。

●激励因素以工作本身为核心,包括认可、成就感、价值感等。

●保健因素没有满足时会引起员工强烈不满,但满足了并不一定能调动积极性。

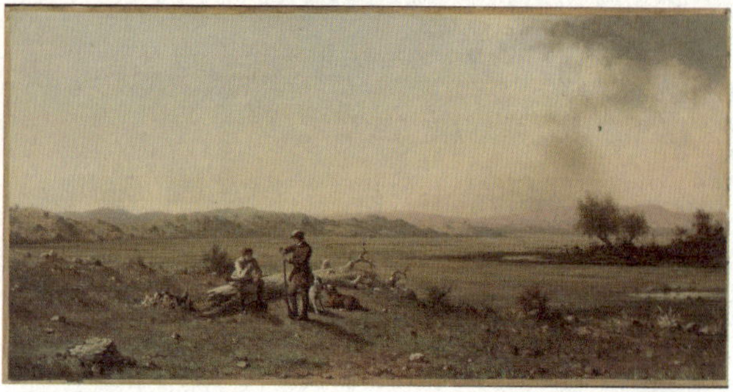

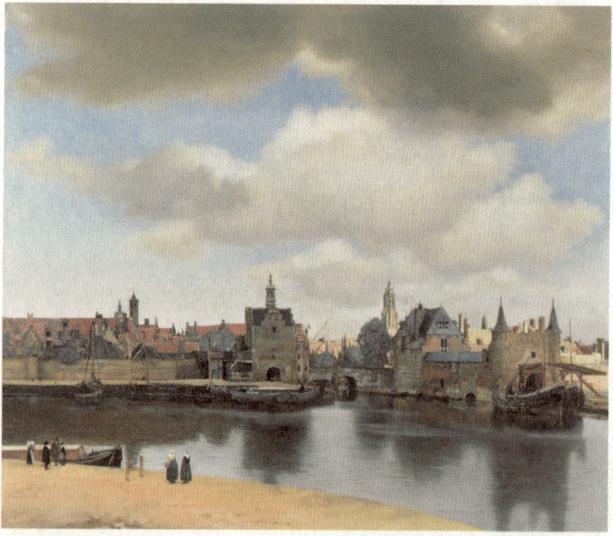

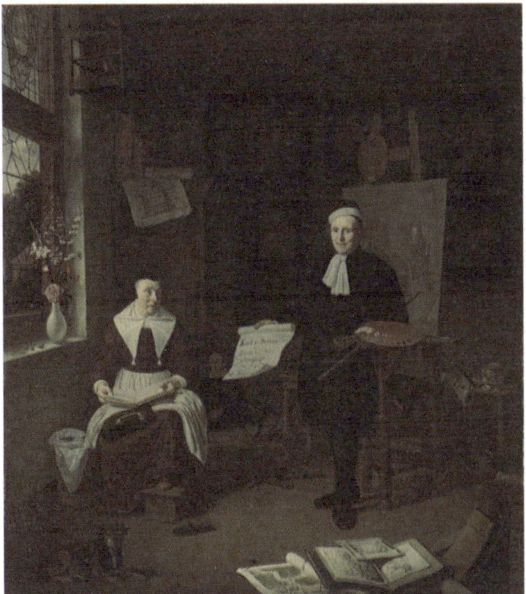

015

目标管理:
团队管理的进阶

目标管理,英文为 Management by Objectives,缩写为 MBO。

目标管理是通过制定一系列目标来实现团队管理的一种高级策略。如果你知道你要去哪里,那么全世界都会为你让路。为企业、团队设立目标,能够将组织上下拧成一股绳,让员工更有动力,让企业更加专注,是以结果进行管理的高级策略。

目标管理的三个关键点:

● 明确目标。时间和资源是有限的,明确的目标能够让团队聚焦,不仅能提升工作效率,还可以激发斗志。

● 鼓励参与。鼓励员工参与决策,一线员工是最了解市场的,他们的反馈有助于校正目标,确认企业目标的价值。

● 及时反馈。负面反馈能确保目标没有偏移,正面反馈则可以激励员工不断前进。

016

SMART 原则:
心怀星空,但脚踏大地

你知道 SMART 原则吗？据说知道这个原则的人中，80% 已迈入成功人士的行列。

SMART 原则是由管理学大师彼得·德鲁克提出，其目的在于帮助我们明确目标，从而提高成功的可能。

• S（Specific）：即目标必须是明确的、具体的。

• M（Measurable）：即目标必须是可量化的，例如市场份额、利润、成本、客户满意度等。

• A（Attainable）：即目标必须是能力范围内可实现的，不能太天马行空。切记，心可怀星空山海，但脚要踏着大地。

• R（Relevant）：即是否有相关的资源，能够帮助你实现目标。不管你是管理者还是被管理的员工，当接到重要目标或任务时，都需要明确是否有资源支撑。

• T（Time-bound）：即目标是有时间期限的，不能拖延。记得，最好的结果管理，是过程管理。

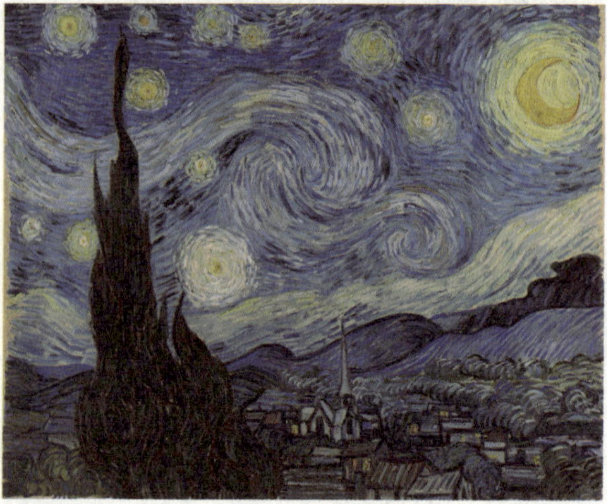

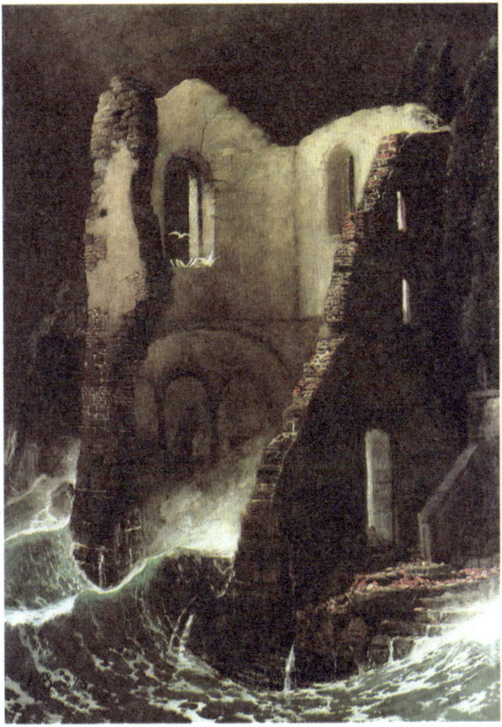

017

危机管理：
危机亦是机会

2023年,花西子眉笔事件和新东方"小作文"事件给所有管理者上了一课,做好危机管理到底有多重要!

危机管理是指当不可预见或无法避免的事件发生时(一般指负面事件),组织针对事件进行一系列的应对和处理的行为。

• 预防危机

要想将危机扼杀于无形中,一定要建立危机应对机制,防微杜渐,未雨绸缪。

• 应对危机

危机事件分为四个阶段:发生、扩散、爆发、衰退。预防扩散、杜绝爆发是危机应对的核心目标。心理要镇定,动作要迅速,态度要诚恳,尽可能在危机发生后的黄金24小时内完成化解,避免爆发。

• 危机善后

当危机结束后,收尾工作仍然重要。这个阶段,管理者可以让危机事件朝着积极方向发展,重建与客户的关系。危机也可以是机会,运用得当反而可能是一次营销机会。

018

帕金森定律:

打造高效团队

明明 10 分钟就能完成的工作，你的员工却花了一整天？小心！帕金森定律正在威胁团队的生产力。

1958 年，一位英国的历史学家帕金森发现了该定律，即当一个人拥有的工作时间越多时，他的工作效率反而越低——工作总会不断膨胀，直到占满你所有可用时间（Work expands to fill the time available for its completion）。当员工觉得时间充分时，便不会以最高效的方式工作。

如何打败帕金森定律？

• 设定优先级。每件事都拼尽全力，并非是尽职，而是浪费时间与精力，只会沦为穷忙。

• 以"需要多少时间"而不是"什么时候要"为交付纬度。请记得，投资与收益应成正比，重要的事多花时间，不重要的事速速解决。

• 拆解目标。可视化的小目标能让员工保持战斗模式，这是打败帕金森定律的有效办法。

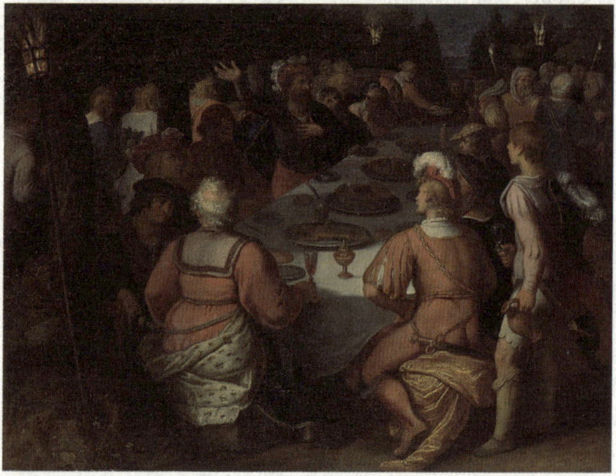

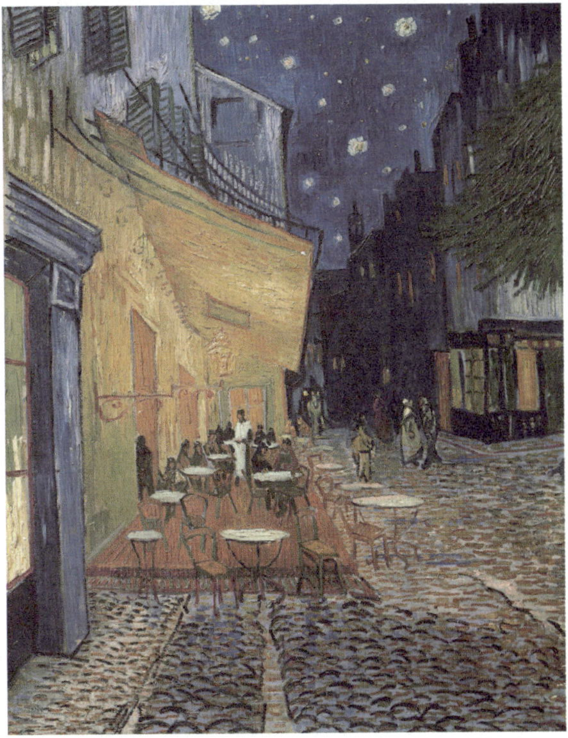

019

博弈论：

生活无处不在博弈

人生是无数场博弈的叠加，每一局的结果都影响着下一局的开始。

身为管理者，无时无刻不在决策。有时候，你的一个决策，甚至影响着成千上万个人的未来。而博弈论，便是帮助你做出最优决策的方法之一。博弈论，是通过严谨的数学模型研究冲突对抗条件下最优决策问题的理论。它研究人如何在复杂的社会场景中做出最有利于自身利益的决策。

在博弈论中，假设参与者都是理性人，即其基本出发点是为自己争取最大的利益。从这个角度出发，借助社会规则、社会身份、社会信息等诸多因子，让他们对原本抽象的局势进行具象的分析，从而做出尽可能有利于自身的选择。

020

7S 模型：

思考维度决定企业高度

作为管理者,你的思考纬度决定了企业高度。麦肯锡7S模型,帮助你搭建多角度思考问题的思维体系,学会无死角思考问题。7S模型分为硬件和软件两大部分。

硬件要素:

• 战略(Strategy):目标是什么?如何实现目标?近期计划与远期规划是?

• 结构(Structure):组织结构如何?垂直管理与横向协作效果如何?

• 制度(Systems):组织制度管理体系如何?效果如何?

软件要素:

• 风格(Style):管理者风格/企业风格

• 员工(Staff):人力资源管理/人岗适配度/员工满意度

• 技能(Skills):公司核心竞争力如何?是否能满足战略需求?

• 共享价值观(Shared Values):企业文化

管理者常从硬件要素出发去思考,却忽略了软件要素。人才是公司的核心资产,软件要素亦是管理者思考时的重要模块,切记!

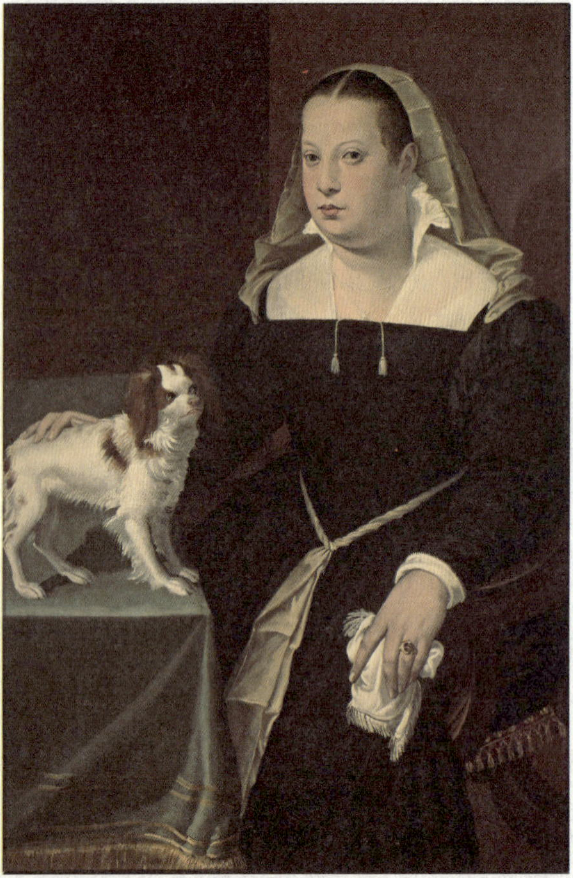

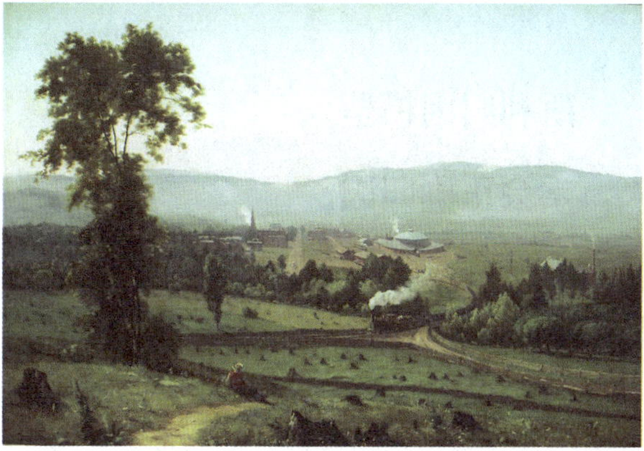

021

凯利归因模型:
学会正确归因

知道你摔在哪里,才能避免下一次摔倒。

归因模型由美国社会心理学家凯利提出,他认为对任何事件进行归因都需要经过三个阶段:第一观察行为,第二判断原因,第三排除偶然因素和环境因素。

• 偶然性,即事件是由偶然因素引起。

• 稳定性,即事件是由固定因素引起。又分为外在稳定性(外部环境固定影响)和内在稳定性(事件内部固定影响)。

• 一致性,即其他人是否能遇见同样的事件。

生活中,我们常把成功归因于内部因素,例如能力、努力,而把失败却归因于外部因素,例如运气。下次,试着按照凯利归因模型分析,不仅能得到更严谨的复盘理论,还能在错误之中发现新的机遇。

022

注意力经济:
从小惊叹到大收益

淄博烧烤、多巴胺穿搭、瑞幸茅台联名、City Walk……你有没有发现，每个月都有你不知道的新名词火爆出圈？

现代营销之父菲利普·科特勒说："在信息碎片化和注意力稀缺的时代，企业要为消费者创造惊叹时刻（Wow Moment）。"消费者每一次的惊叹，都会为企业带来巨大的经济效益，这便是注意力经济。

注意力经济又称"眼球经济"，是通过最大程度吸引消费者的注意力（眼球），实现利益转化的营销行为。在信息膨胀的当下，注意力经济的营销行为每天都在发生，随便打开一个短视频平台，你就出不来了，因为你的注意力已经完全被吸引了。

对于管理者来说，注意力经济是一种新的营销机会，如果利用得当，能为企业带来巨大的收益。

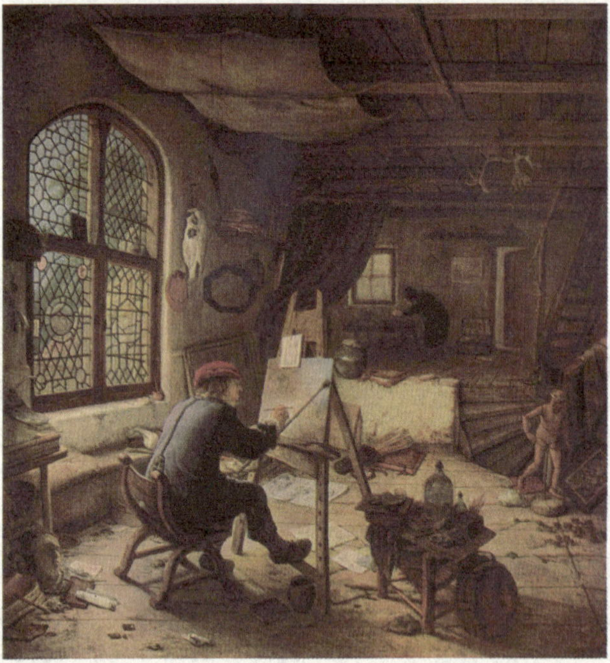

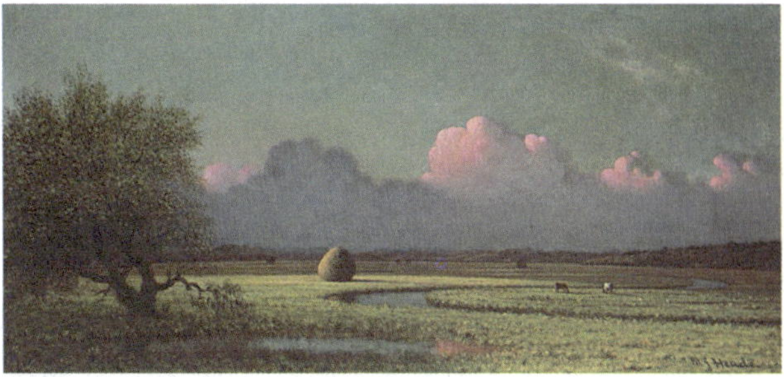

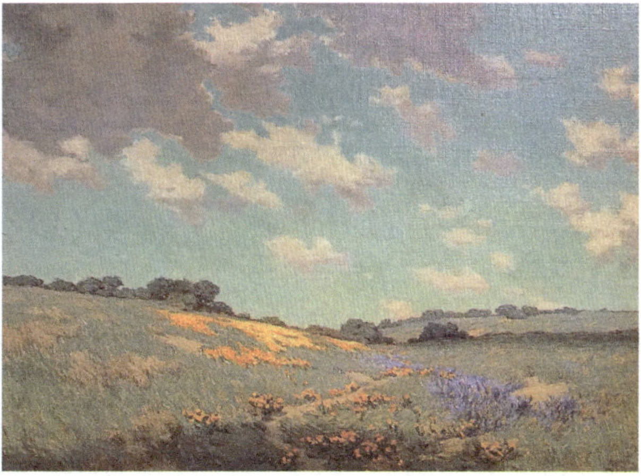

023

敏捷组织：

让团队快速作战

传统组织和敏捷组织，有什么区别？

知乎上有回答：就像是常规部队和三角洲部队的区别。常规部队使用常规武器系统遂行作战任务。三角洲部队则是当今世界训练最有素、装备最齐全、资金最雄厚的特种部队之一。

敏捷组织的关键在于能够适应外在环境的快速变化，通过灵活、高效的组织协作持续作战，并产出优异业绩。它包括四个原则：

• 快速响应：不管是客户需求还是市场变化，都能以最快的速度和最好的状态应战。

• 持续创造价值：通过拆解任务和持续迭代，不断交付具有业务价值的产品及服务。

• 透明：信息共享、开放交流，降低组织内的沟通成本。

• 进化：反思和进化是敏捷组织的最强之处。每一次失败，都会让下一次更成功。

敏捷组织适用于软件开发、项目管理、教育和培训、制造业、营销和销售管理等，先从建立一个敏捷团队开始，尝试敏捷组织吧！

024

PDCA 循环:
让你摆脱瞎忙!

我们每天看起来像做了很多工作，但仔细回想，又好像什么重要的事也没干。不光是自己，甚至团队也是一样，日复一日地忙碌，却并没有带来预想的成功与收益。

为什么呢？

很可能是没有用对方法。

PDCA 循环又称戴明循环，是一个通过循环实现持续优化的模型。它包括：

●P—Plan（计划）：根据目标，制订可落实的计划。

●D—Do（执行）：按照计划执行，并确保没有执行偏差，尤其是在组织中。

●C—Check（复盘）：学会复盘，一是计划是否有效，二是计划是否存在优化点，三是计划是否偏航。这是非常关键的一步。

●A—Act（行动）：根据复盘结果，保留精华去除糟粕，进入下一轮 PDCA 循环。

PDCA 循环本质上是一个复盘模型，从目标到计划再到结果，摆脱低效，每一步都严格为目标而服务！

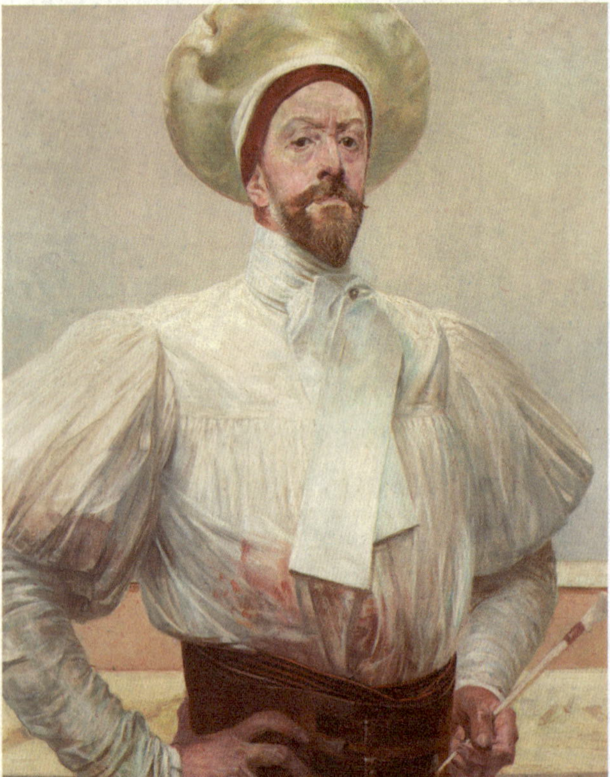

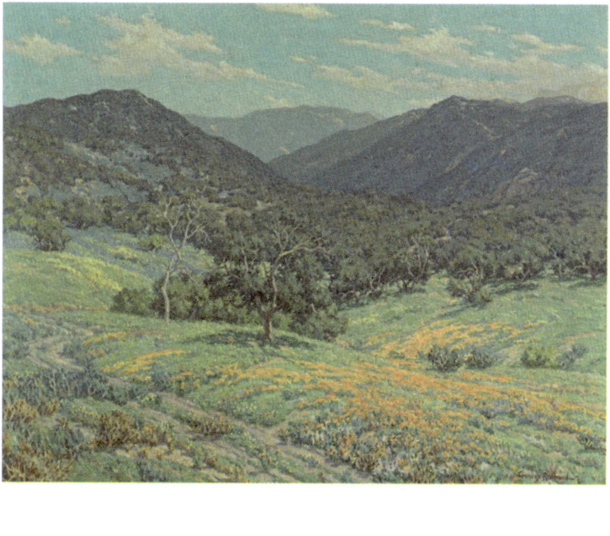

025

权变理论：

当一个善变的管理者

权变，即权宜应变。

在不同的情境中学会扮演不同的角色，是一个管理者必备的能力。

权变理论又称情境理论，它创新性提出领导力的有效性并不是由领导者的品质和能力决定的，而是由领导者、被领导者和具体的情境三者之间的关系决定的。

权变理论的核心在于，每个组织、企业都有自己的独特性，并没有最好的管理方式或管理风格，一切皆取决于领导者、被领导者和具体的情境。管理者要学会在多变的情境下灵活调整自己的管理方式，以让组织释放最大的生产力。

世界上唯一不变的就是变化。这句话同样适用于管理学。优秀的管理者应是善于变化的人，就像是下棋，当你的对手变了，你的策略也必须跟着改变。

026

ABC 分析法：
分清主次很重要

ABC分析法，又称帕累托图。它是从二八法则中衍生出来，但二八法则是让我们抓住重点，ABC法则是让我们分清主次，并按照重要顺序分为ABC三类。

ABC分析法帮我们在影响目标的众多因子中分清主次，找出对目标起关键作用的重要因子和对目标其次要作用的一般因子。简单来说，就是"找出重点"，并"区别对待"。

目前，ABC分析法常用于企业库存管理中，一般具有如下步骤：

- 收集数据：数据是信息的价值支撑。
- 计算整理：尝试"找出重点"。
- 制作ABC分析表：一般来说，影响力在70%-80%的因子为A类，10%-20%的为B类，10%以下为C类。
- 绘制ABC分析图。

请记住，ABC分析法的价值在于帮助管理者在纷繁复杂的表象中分清主次。下次遇见难题时，请试试吧！

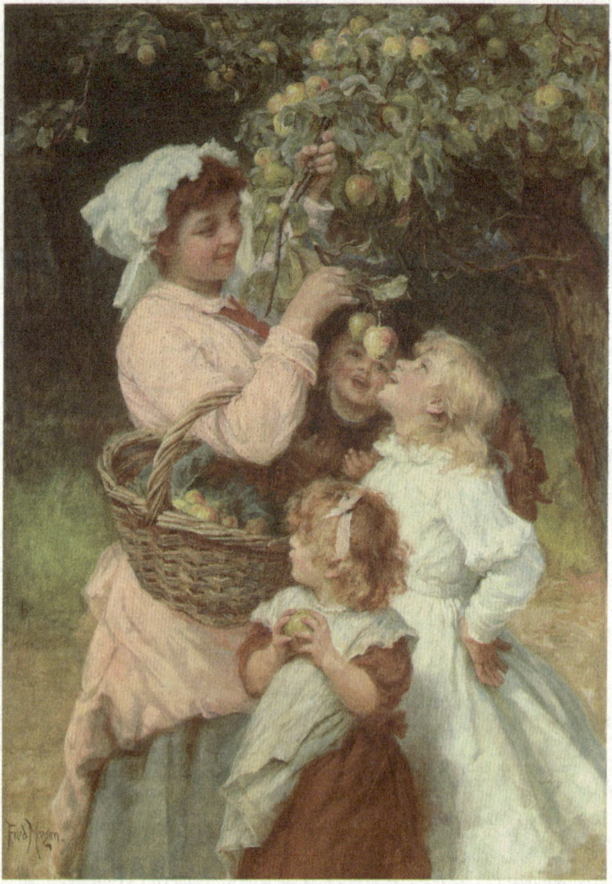

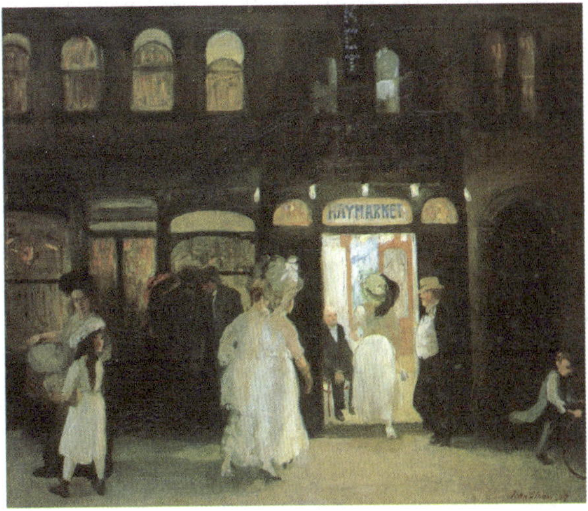
HAYMARKET

027

柯氏四级培训评估模式：
让知识流动起来

培训作为知识流动主要形式之一，对于企业管理具有重要意义。作为管理者，如何评估企业中培训的好坏呢？

柯氏四级培训评估模式是 1959 年由学者唐纳德·L·柯克帕特里克提出，是目前全世界认可度最高的培训评估工具。

- Reaction（反应评估）：员工参与了吗？通过问卷调查收集员工对培训的反馈，包括内容、风格、收获等。
- Learning（学习评估）：员工学到了什么？通过设置测试来评估员工掌握情况。
- Behavior（行为评估）：员工改变了吗？学以致用才是关键。通过评估表，考察员工是否能在实际中应用知识。只有行为层改变，培训效果才能传导到企业层。
- Result（成果评估）：绩效改善了吗？很多企业不愿意做培训，认为浪费人力。可以通过计算的方式，评估培训对企业经营带来的贡献，即通过一系列指标，如员工离职率、客户满意度等来评估。

028

感性营销：
情感是一种溢价

现在如果我们不用感性观点来观察分析市场，就根本无从理解市场。

——日本营销学者小村敏峰

消费，本身是一种感性体验，一种被情感支配的冲动。尤其是在物质极大丰富的当下，当产品质量无法产生质的区别时，情感价值会成为一种溢价。

●感性营销更容易被记住。科学研究证明，富有情感的内容更容易被人记住。例如，2017年网易云音乐将用户评论印满了地铁。

●感性营销更容易被信任。当企业过多时，与用户也更难建立信任。感性营销能够触达用户内心柔软的一面，更容易建立用户信任。

●感性营销更容易被转化。消费来源于冲动，对美好的渴求、对幸福的渴求，当你触达用户的内心时，你就能支配用户的内心。

"我喜欢你，所以我选择你。"这就是感性营销。

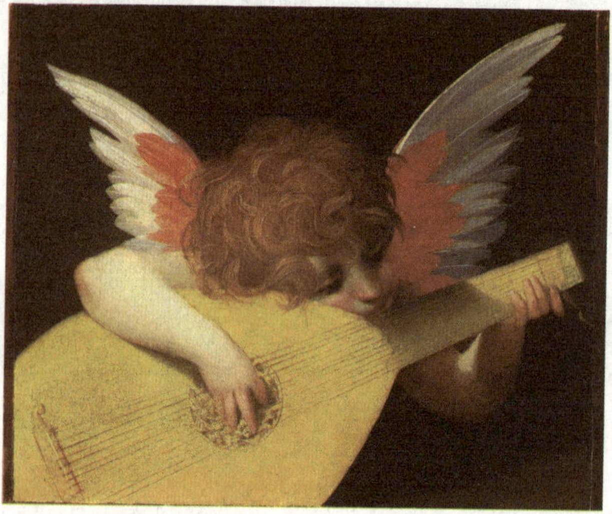

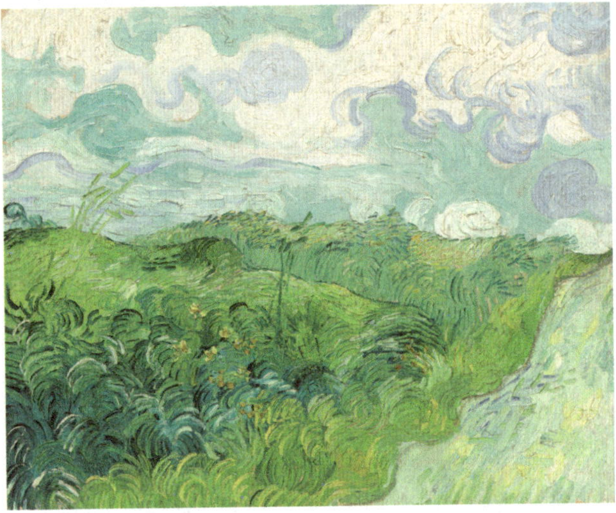

029

绿色营销：

全球不可逆转的趋势

力争 2030 年前实现碳达峰、2060 年前实现碳中和，是我国定下的目标。由此可见，绿色发展将成为未来不可逆转的趋势。

什么是绿色营销？

它是指企业在生产经营中，兼顾自身利益、消费者利益和环境保护利益，并以此为中心，对企业的产品和服务进行设计和制造的营销手段。

目前，国外品牌的绿色营销做得比较好，如科技品牌 Apple（苹果）提出将在 2030 年让每一部手机都实现碳中和；倡导新生活方式的 lululemon（露露乐蒙）也提出将在 2030 年将所有产品的原材料替换为可再生材料。绿色营销的核心是通过满足企业和社会的共同利益，实现可持续发展的目标。

绿色营销既是未来的趋势，也是企业彰显责任感和使命感的方式，从而建立品牌，得到受众认可。

030

标杆分析法:
知己知彼,百战不殆

标杆分析法(Benchmarking，BMK)是国际三大管理方法之一。

它通过将本企业的各个项目，与行业领先者或目标竞品比较，再比较收集的差距信息，帮助企业实现持续改进。

标杆分析法有四个步骤：

- 确认标杆指标：用什么对比？如销售额、客户满意度、转化率等。
- 确认标杆对象：跟谁对比？具体到某家企业或者某个项目组。
- 确认对比差值：对比结果如何？差值为多少？差值因子是哪些？
- 执行优化：根据对比结果，制定优化动作，在获得新的结果后，可进入下一轮标杆分析循环，直到达到或超越标杆指标。

正所谓"知己知彼，百战不殆"。标杆分析法通过分析敌人，使自己得到进步。

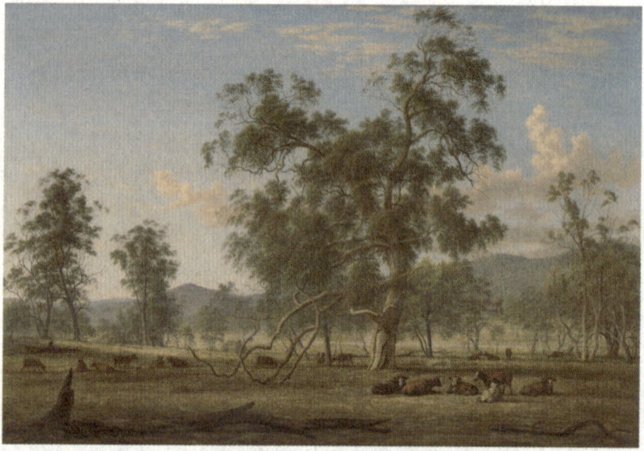

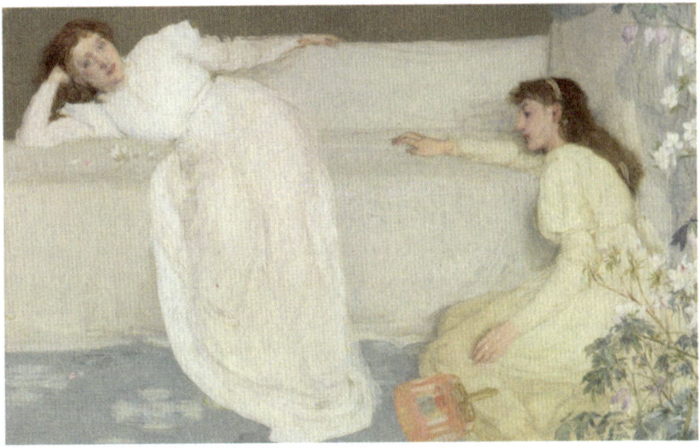

031

宽容管理:

宰相肚里能撑船

宰相肚里能撑船，管理者的胸襟决定了组织能走多远。

宽容管理由著名的经济与管理学家阿里·德赫斯提出，他认为宽容管理是新经济形态下的一种新的管理理念，也是全球许多知名企业成为"长寿公司"的秘诀。

不光是他，华人商界领袖李嘉诚也曾提过宽容管理是他十条自我管理的标准之一。他认为组织的成功与否取决于管理者的宽容，而宽容又取决于管理者的个人修养。的确如此，市场时刻在发生着变化，面对如此情况，想积极作为的员工难免会犯错误。此时，对于管理者俩说，学会宽容管理便是重要的一课。

多做多错，不做就不会错——千万别让你的员工有这样的想法，否则，迟早会被淘汰。

032

品牌管理：
让产品永不过时

什么是品牌？

当你去一个陌生城市出差，紧急情况下，你会选择KFC还是一个闻所未闻的炸鸡店？

品牌是一个无法被估量的价值象征，集企业名称、包装、价格、信誉等有形及无形信息于一体，最终体现在消费者的信任度。而品牌管理，是通过一系列行为来搭建这个价值象征，从而提升消费者的信任度的过程。

作为管理者，请记住，产品是工厂生产的东西，消费者购买的是品牌。产品会被抄袭，但品牌却是独一无二的；产品会过时，但品牌却永远流行。例如可口可乐、LV、香奈儿等，没有人会觉得它们过时。

品牌看不见摸不着，却决定着企业生命力的长短。学会品牌管理，让企业活得更久、更好！

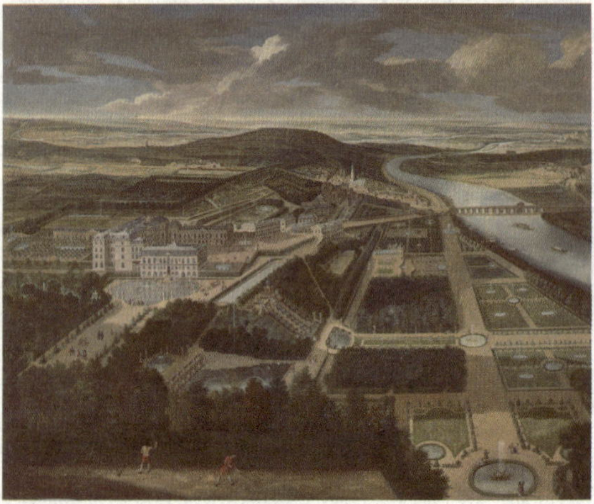

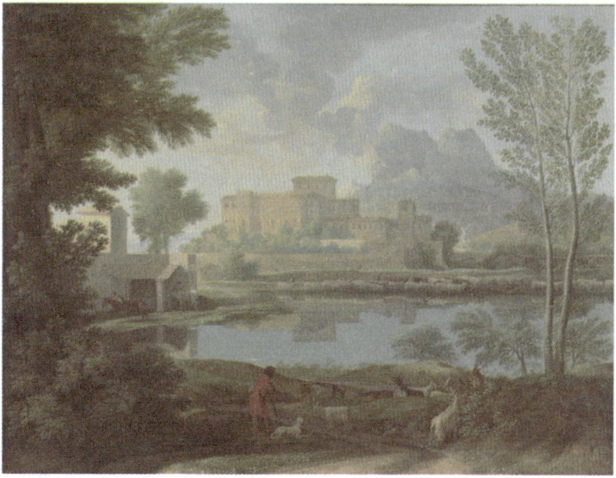

033

4P 营销理论:

经典永不过时

4P 理论产生于 20 世纪 60 年代，是管理者最应掌握的经典营销理论之一。

- 产品（Product）：根据市场动态和客户需求来设计产品。一是保持持续创新能力，二是建立明确产品定位，与竞品保持鲜明区别。
- 价格（Price）：根据成本、市场、竞争、利润等因素，来合理制定价格。一般包括灵活定价和价值定价，前者如一些日用品，后者如大牌奢侈品。
- 促销（Promotion）：包括降价促销，通过低价吸引客户，也包括数字营销，通过广告、宣传等手段，增加产品曝光，吸引客户。
- 渠道（Place）：将供应链和物流管理、线上和线下结合，来确保产品通过合适的分销渠道抵达不同的客户市场。

今天或许有人觉得 4P 理论已经过时，但其核心要素始终未变，变的只是看待这些要素的角度而已。

034

4C 营销理论：

学会以用户为核心

"商业的目的只有一个：创造顾客。"现代管理学理论奠基人彼得·F·杜鲁克的4C营销理论是以客户需求为核心的营销理论，是在4P理论上进化而来。它包括：

•**顾客（Customer）**：聚焦客户需求，从而挖掘客户价值。例如元气森林，它推出的"0糖0脂0卡"的饮料是从客户端挖掘的。

•**成本（Cost）**：既包括生产成本，也包括客户的购买成本，不仅包括货币，还包括购买所花费的时间、精力，甚至带来的风险。2023年，拼多多市值一度走高，甚至隐隐有超越腾讯、阿里之势，它增长的核心秘籍在于成本足够低。

•**便利（Convenience）**：努力做到让客户以最低的成本、最大的便利性触达产品，这样才能拉动增长。

•**沟通（Communication）**：从卖方市场到买方市场，与客户建立积极的客户关系，是新时代的营销方式。

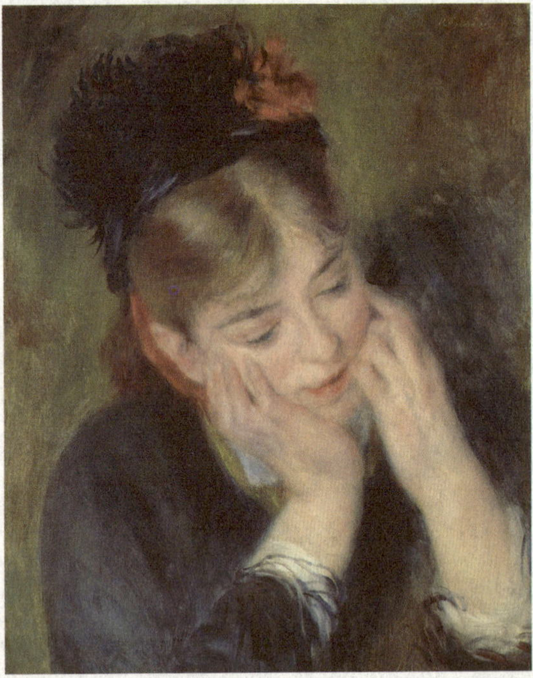

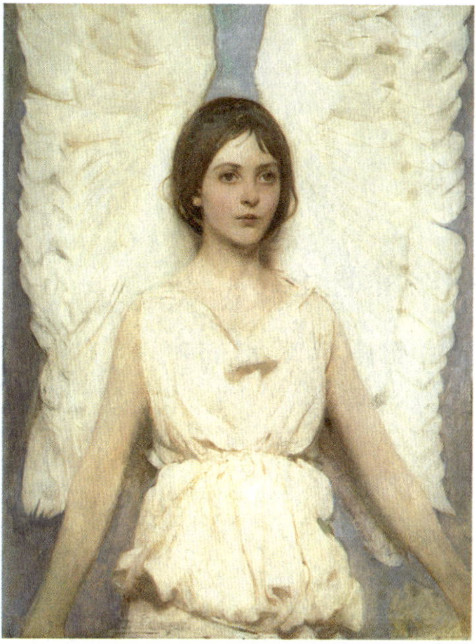

035

4R 营销理论:

你与客户关系如何?

从以企业为核心到以客户为核心,企业与客户的关系也发生了巨大的变化。营销大师艾略特·艾登伯格在2001年提出4R营销理论,即以关系营销为基础,建立客户的忠诚度。

• 关系(Relationship):在旧经济时代,卖出去意味着你和客户关系的结束,接下来将开启新一轮的营销与转化。在新经济时代,卖出去则意味着你和客户关系的开始。如果维护得当,可省下巨额的营销费用。

• 反应(Reaction):永远记得主动去接近客户,而不是让客户来找你们。

• 关联(Relevancy):与其贩卖一种产品,不如贩卖一种生活方式。因为产品可以被抄袭,生活方式却不能。例如lululemon(露露乐蒙),它卖的不是瑜伽裤,而是一种自律生活。

• 报酬(Reward):定期感谢你的客户,为他提供意料之外的增值服务。

036

利基营销:

中小企业的专属策略

利基（Niche），意为见缝插针或拾遗补阙。利基市场，即小众的、垂直的细分市场。这个市场一般被大企业放弃或忽略，但依然存在着巨大的商机。试想下，如果你可以挖掘一个利基市场的需求，并满足其需求，那么你很容易在激烈的商业战场上获胜！

利基营销则是针对小众市场的营销策略，它与大众营销相反，更灵活、更具有针对性。对市场来说，大规模是普遍的，但对企业来说，大企业是少数的，绝大多数企业都只有中小规模，那么这时候利基营销就能帮助你们脱颖而出，走出与大企业不一样的路。

利基营销是专门针对中小企业的营销策略。如果你的企业恰好是中小企业，那不如一试利基营销。

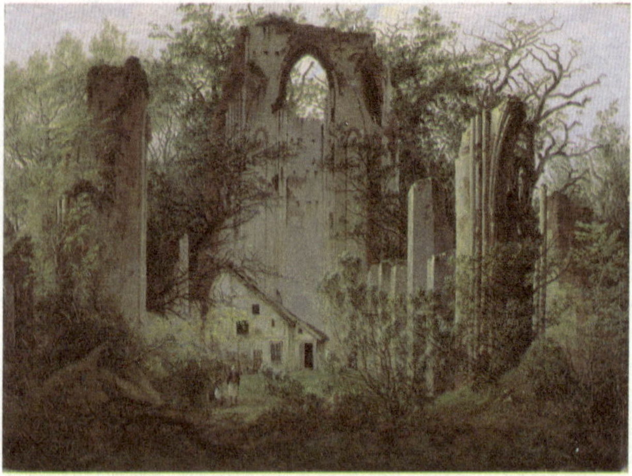

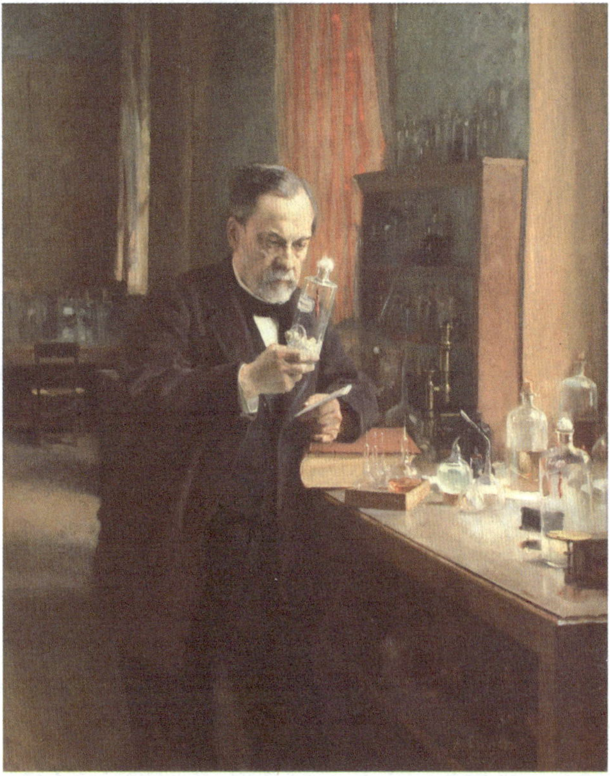

037

平衡计分卡:
实现企业战略目标

企业战略目标很明确，为什么达不成呢？很简单，管理方法有问题。

平衡计分卡被《哈佛商业评论》评为75年来最具影响力的管理工具之一，它打破了以财务指标为单一衡量业绩的标准的传统方法，在其之上增加了未来驱动因素，从质量管理方面，有效地管理企业战略和绩效。

如何做呢？

1. 以企业的战略为核心，根据组织结构将其拆分为责任部门在财务(Financial)、顾客(Customer)、内部流程(Internal Process)、创新与学习(Innovation&Learning)四个方面的具体目标。

2. 分别在四个方面设置对应的绩效考核标准，切记要与公司战略高度相关，兼顾短期目标和长期目标、内部利益和外部利益、财务信息与非财务信息。

3. 管理者们确定评分规则，并设定评分周期，定期复盘，及时调整，确保战略执行正确！

038

动态薪酬:

学会跟员工谈钱

出来打工,我不惦记钱惦记什么?

——《武林外传》白展堂

不跟员工谈钱的老板,都是在耍流氓——不要认为这句话直接,它真实反映了员工所想。那么,给多少钱合适呢?如何能用薪酬激励员工的最大创造力呢?答案是动态薪酬。

动态薪酬模型由四个部分组成:

•**岗位**:通过岗位评估兜底薪酬,确保内部相对公平。

•**市场**:根据市场动态微调,通过薪酬调查确定每个岗位的薪酬标准,确保能吸引优秀人才。

•**业绩**:多劳多得,少劳少得,做大蛋糕的人自然分得更多。根据员工对公司的业绩贡献调整薪酬。这部分是动态薪酬的重要组成,能实现对员工的极大激励。

•**激励**:升职调薪。畅通的晋升通道才能留下人才,除了加薪,价值感也是激励员工的重要因素。

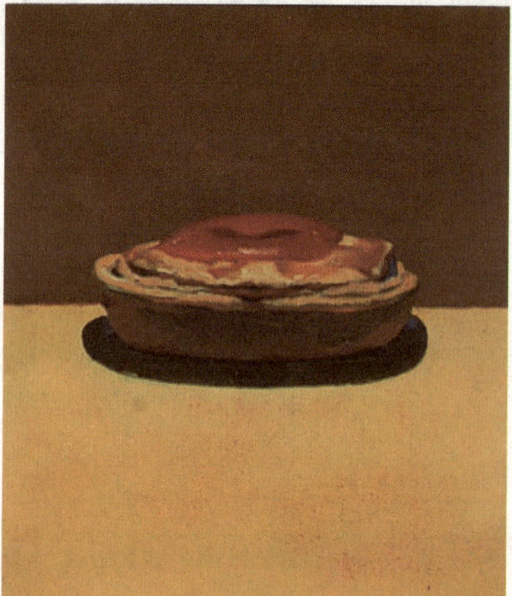

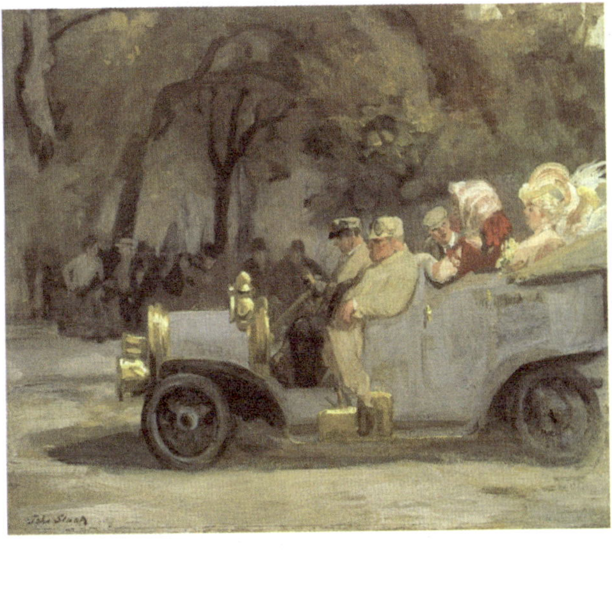

039

价值管理：

让企业实现可持续发展

企业价值管理（Value Based Management，VBM），通过整合企业的战略目标、财务目标、组织架构等资源，最大限度实现企业价值。本质来说，它是实现企业资源的最优配置，能让企业实现可持续发展。

价值管理包括四个要素：

• 价值决定：包括企业战略、企业管理、股权或薪酬激励，实现从规划愿景到落地执行的全流程。

• 价值创造：包括业务管理、企业盈利、现金流量，先确保业务实现目标，再确保企业实现盈利，最后以有效的现金流量管理，实现企业的价值增长。

• 价值传递：价值管理过程中，必须协调好各方利益关系，努力满足企业利益相关者的共同价值需求。

• 价值评估：对企业未来发展做出评估，为下一轮经营决策提供信息支撑，完成下一轮价值管理。

040

人格管理:

让员工"死心塌地"

"我很喜欢我的领导,因为他是一个有人格魅力的人。"

"我讨厌我们领导,一点素质都没有。"

作为管理者,谁不希望成为前者,而尽可能避免成为后者呢。所谓人格管理,是知识经济时代提出的概念。当现代社会的进步已经从数量堆积的"大力出奇迹",变成了更注重质量的精细化技术发展,人格管理也成为一门学问。

性格决定命运。而在职场,人格决定成败。人格管理分为内涵和外延,内涵包括四个关键词:责任、创新、合作、耐受力。以内涵为核心人格的外延则是"人格魅力",即对他人产生的影响力。

作为管理者,学会人格管理,职场沟通会更顺畅,商业谈判更容易成功,团队成员也更愿意对你"死心塌地"。

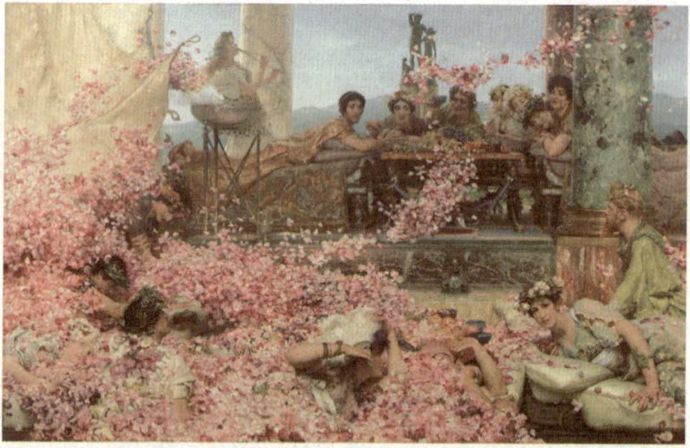

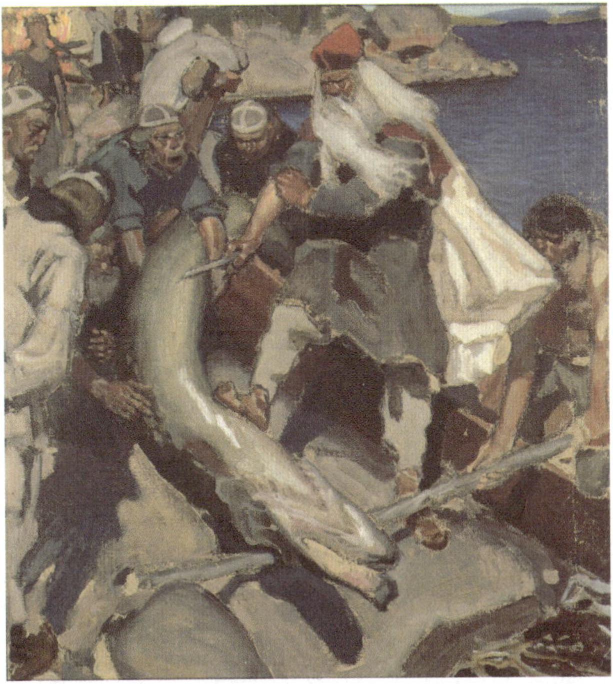

041

鲇鱼效应：

生于忧患，死于安乐

挪威的渔民在捕获沙丁鱼后,为了不让它们死掉,会选择在鱼舱里放几条鲇鱼。鲇鱼以鱼为食,进入鱼舱后,会四处游动捕食,带动沙丁鱼不断游动,从而让沙丁鱼活着抵达港口。

这便是"鲇鱼效应"。

作为管理者,你会发现不管什么样的团队,时间久了,由于团队成员彼此熟悉,竞争关系会降低,变得充满惰性。这个时候,你要学会在团队中放出属于你的那条"鲇鱼",利用它来增加团队的危机感和紧迫感,不断提升团队成员的积极性,通过持续不断的良性竞争来保持团队的活力,从而为企业创造更大的价值。

切记,一个团队、企业最大的危机,是没有危机感。

042

精益管理：

提升企业运作效率

在一轮轮裁员浪潮中，降本增效成为关键词。但请注意，精益管理并不等于降本增效。

降本增效是以"钱"为核心，提升企业的利润率和股东回报率，而精益管理则是以"事"为导向，以最小的资源投入撬动最大的价值，在满足为客户提供满意的产品和服务的目标的同时，将企业的浪费降至最低。

精益管理是以生产效率为先的管理模式，核心在于时间和价值，要学会识别团队价值，构建有效率的协作流程，并大胆剔除不需要的冗余环节，让企业高速运转起来。当然，当企业的资源运作效率提升时，企业的利润率和股东回报率自然也会提升，但是，精益管理与降本增效本质上是两套逻辑。

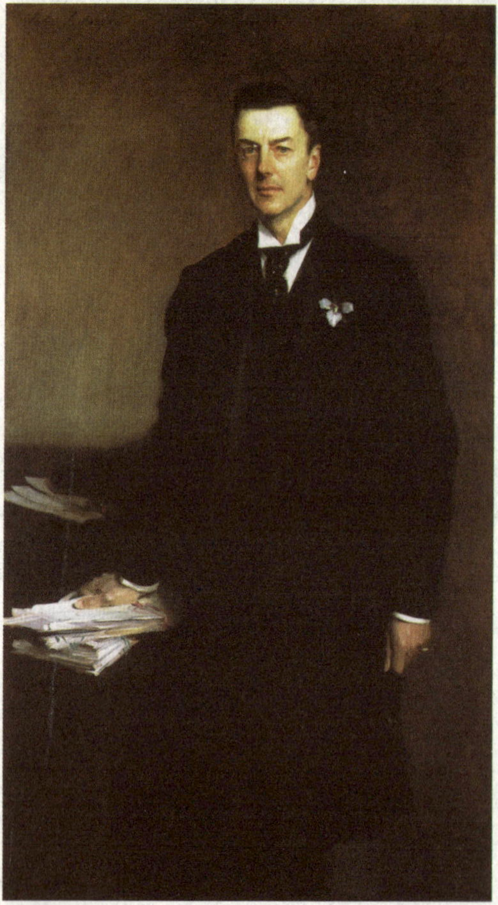

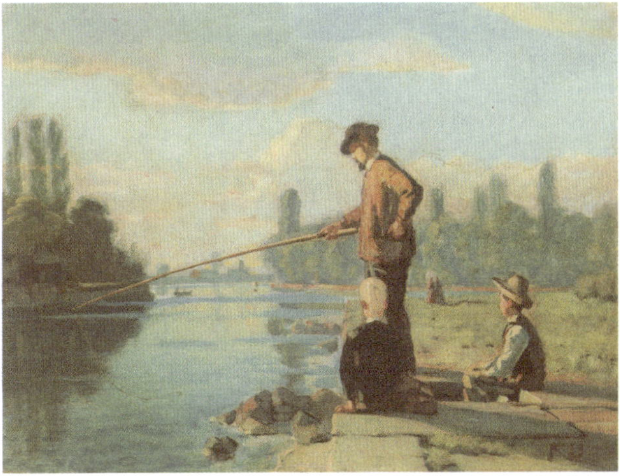

043

DEI 理念：

如何吸引人才

一股新的职场风潮正在席卷全球企业——DEI理念。

DEI理念包括多元（Diversity）、公平（Equity）、包容（Inclusion），旨在打造一种欣赏"不同"价值、有活力的企业氛围。

- DEI有利于创新。有研究表明，多元化的团队与高绩效的业务结果之间存在正相关关系。DEI文化能使团队中的成员保持多元化，从而迸发多元化的观点与创意，是创新最好的土壤。

- DEI能提升抗挫性。随着外部环境越发多变，多元的人才能为企业带来意想不到的收获，提升应对不确定性的能力，使企业蓬勃发展。

- DEI能吸引人才。社会在进步，文化观念也在进步，新时代人才越有想法越在意一家企业的文化。而DEI正是留住人才的"磁铁"。

多元、公平、包容，是社会进步的方向，也是企业文化不可避免的潮流。

044

华盛顿合作定律:
拒绝偷懒

一个和尚挑水喝，两个和尚抬水喝，三个和尚没水喝——这个现象也极有可能发生在你的团队中。

这就是华盛顿合作定律，即面对同一个任务，一个人做时竭尽全力，两个人做时会互相推诿，三个人做则永无成事之日。在同一个项目干活的人越多，偷懒的概率就越高。因为一个人干，结果由他负责，他必须努力完成。而当一群人做时，责任分解到所有成员身上，没有了责任的驱动，自然会偷懒了。

还记得老人摔倒在路边却无人搀扶的新闻吗？每个人都应该负责，最终每个人都没有负责，这就是旁观者效应。作为管理者，要学会通过合理的分工来避免华盛顿合作定律。

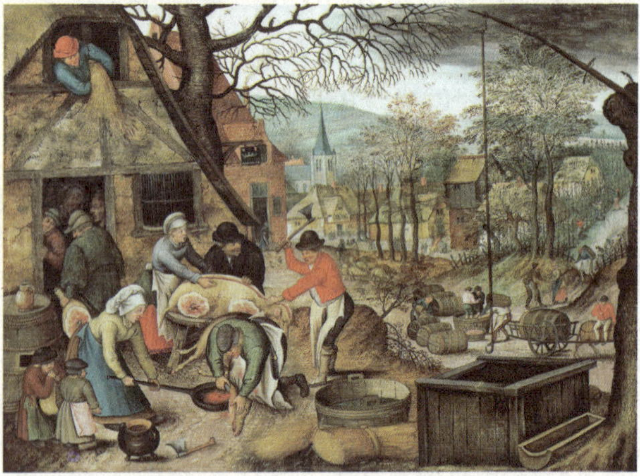

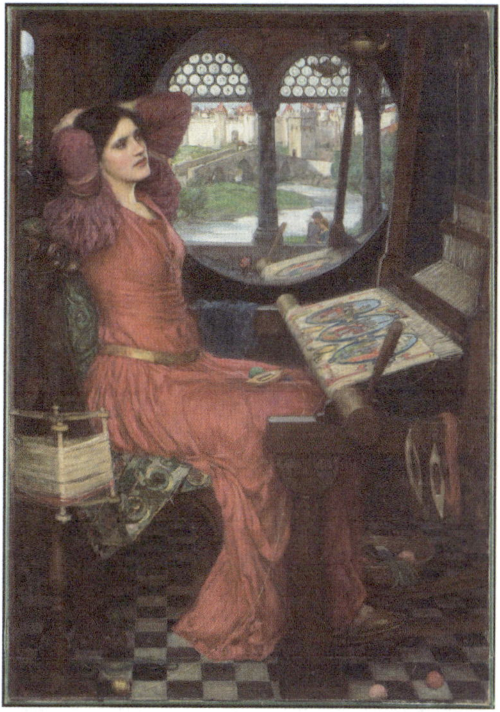

045

手表定律：
学会放弃

兄弟，如果你是幸运的，你只需有一种道德而不要贪多。这样，你过桥会更容易些。

——尼采

手表定律，又叫时钟效应，是说当一个人只有一只手表时，他能准确知道现在几点了，而当他拥有两只手表时，反而不知道了。多一只手表并不能让一个人的时间感知更准确，反而会让他丧失对时间的正确认识。

手表定律对管理者的启示在于不要在团队中施行两种以上的管理方法，要保持风格、目标的稳定性，否则会造成团队内部的混乱，员工无心工作，反而日日在猜测你到底在想什么。

046

领导力:

你是一个好领导吗?

美国前国务卿基辛格说:"领导就是要带领他的人,从他们现在的地方,到还没有去过的地方。"

领导不是一种职务,也不是一种地位,更不是一种特权,而是一种能力。身为领导,应该带领团队去实现他们认为无法实现的事情。其中所需要的能力,便是领导力。

领导力是一种看不见摸不着的东西,因此优秀的领导总是市场上的稀缺人才。他需要具备硬性的专业能力,对迷雾般的未来进行洞见性的规划,同时他还需要极高的软性能力,包括沟通能力、共情能力、引导能力等,这些能力就是领导力。

领导力不可一蹴而就,他需要在理论中学习,在实践中摸索,循环往复,直到获得成功。

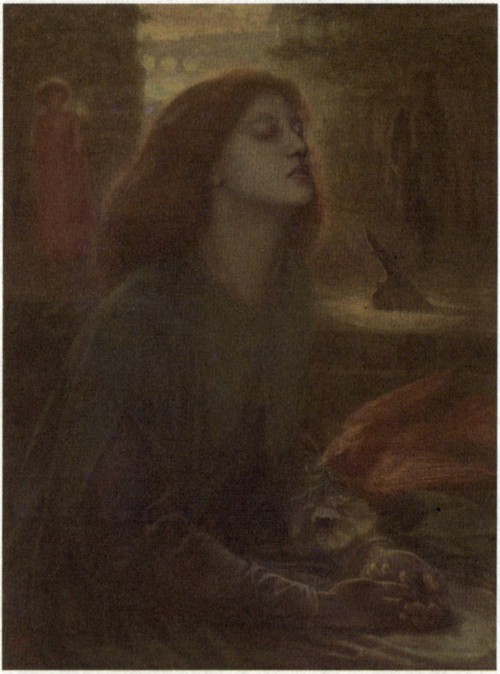

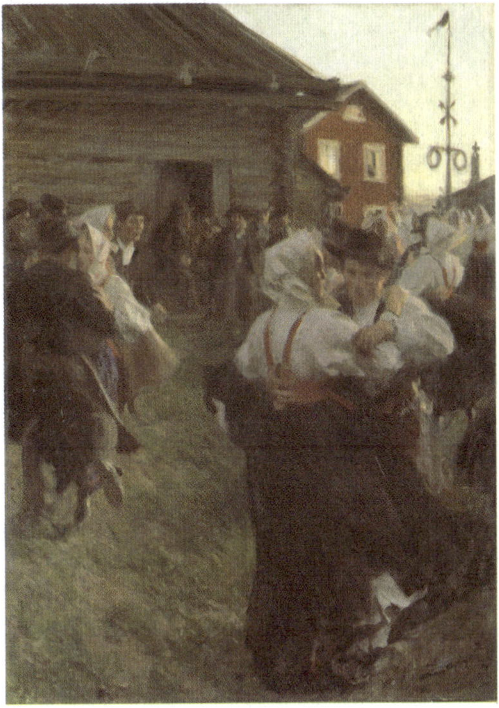

047

T 型管理：
让知识流动起来

在日复一日的工作中，组织明明沉淀了许多知识资产，最终却都随着时间逐渐流失，这是为什么呢？

在知识经济时代，管理者应当学会通过T型管理来留住组织的知识资产。所谓T型管理，是打破传统组织的金字塔层级，积极推进跨部门知识分享，即T型中横向的一层；同时，注重本部门的知识建设，即T型中纵向的一层，最终通过横向和纵向结合，让组织中的知识流动起来。请记得，知识只有在流动中才能创造价值。

随着ChatGPT横空出世，关于AI替代人类劳动的说法也纷纷扬扬，但无论科技如何发展，掌握T型管理的人才必将有一席之地。因为他既可以运用垂直型来之即战，同时也可以运用合作型共同作战，这种灵活性才是人的价值所在。

048

K 型管理:

我们终将变得更好

K型管理,如字母"K",分为竖笔、右下笔、右上笔三个元素。

竖笔:寓意全球管理学的历史与发展。

右下笔:代表中国企业目前的管理模式,与竖笔交汇,寓意对全球管理学的学习与跟随。

右上笔:代表未来中国企业的管理模式,寓意在现代中国企业管理模式的基础上,吸收世界各国企业管理的精华,创新并演变为特色化中国企业管理。

它代表了中国企业管理学的演变与未来发展,是一个从模仿到学习再到超越的过程。作为管理者,了解K型管理,能对自己的管理方式产生信心,始终走在学习的路上,终将让自己变得更好。

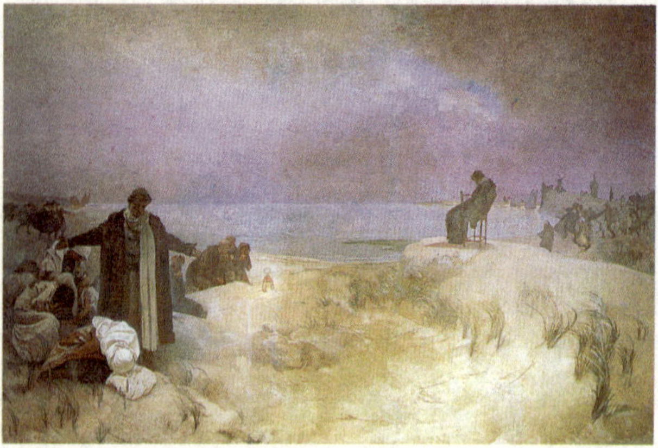

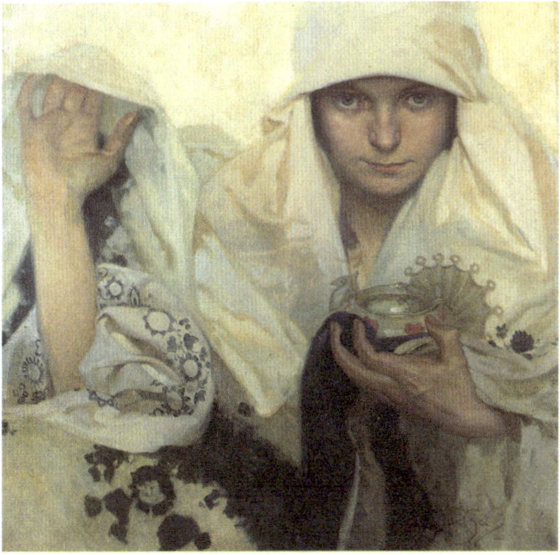

049

学习力:
活到老学到老

世界在变化。作为管理者，我们能做的只有不断地学习。因此，学习力是一项重要的技能。

强学习力包括三点：

- 开阔的视野：很多人工作后，只关注眼前的一亩三分地，眼界不够。世界变化太快，今天看似无关的东西，明天可能会革新你的行业，如果你不保持开阔的视野，可能有一天失业了都不知道原因。

- 开放的头脑：不管什么样的观念，不要马上反驳，要尝试去理解它背后的逻辑。一种现象或许是错的，但当你去理解它背后的逻辑时，或许会发现更多的世界真相。

- 学会应用：纸上得来终觉浅，绝知此事要躬行。知道是一回事，真正去做是另外一回事。要善于将学到的理念用到工作中来，让其帮助你破浪前行。

050

人性管理：

管理的本质

管理 = 理人 + 管事。

管理就是管理"人"和"事",而"事"也是通过"人"来完成的,所以管理的本质,其实是人性管理。

人性管理有三大核心:

- 流程:即作战的地图。
- 制度:即军规、军纪,没有规矩不成方圆。
- 激励:想让士兵向前冲刺,没有激励是不可能的。高激励,才有高战斗力。

人性管理是一个很广泛的概念,其实它能涵盖本书其他99个理论,因为学习这些理论的本质,都是为了更好地进行人性管理。

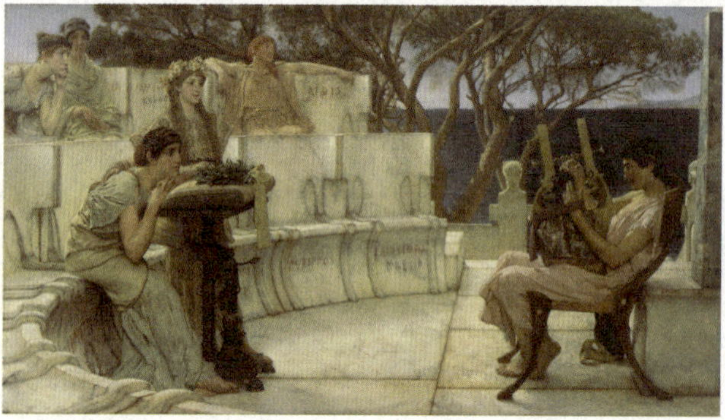

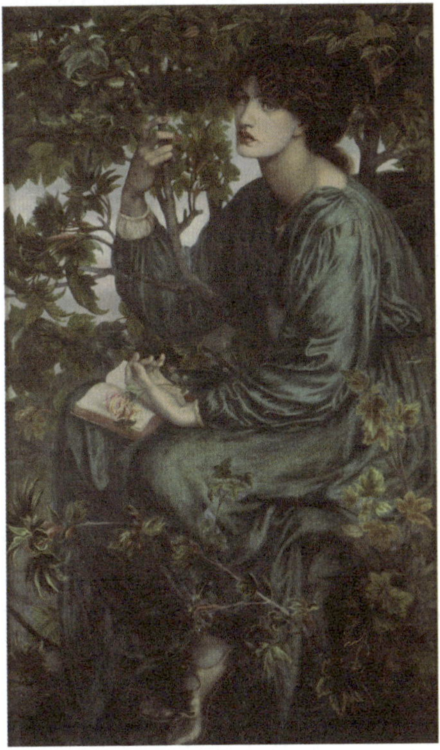

051

情感管理:
学会建立情感链接

随着现代管理理念的发展，企业管理逐渐从对物的管理转向对人的管理，人是企业的核心，也是所有事物运转的核心，管理者必须加强对人的管理。而人是具有情感的高级生命，情感是人精神世界的重要组成，人的行为往往受到情感的支配。要想管理好员工，就必须与对方建立情感链接。

所谓感情管理，是指管理者通过自身形象、行为、情感来调动团队成员积极性的管理方式。这包括对员工精神上的关怀，既有家庭、生活，也有个人的进步与成长，目的在于让员工感受到你的关注与重视，从而发挥员工的积极主动性，为组织和企业贡献更多力量。

情感管理是未来的管理趋势，尤其是面对物质丰富的年轻一代，当物质奖励没那么吸引人时，情感上的关怀就显得极为重要了。

052

剧场效应：

避免无意义的内卷

电影院里,大家都在认真看电影。忽然,有一个观众站了起来,或许是想看得更清楚,或许是因为前面的人太高挡住了他。他站起来后,他后面的人也站了起来,然后陆陆续续周围的人都站了起来。最后,电影院里的人都站了起来,每个人都累,却没有得到更多的好处。

这就是剧场效应,即由于个人追求自身利益最大化,而引发社会其他成员的效仿,从而导致社会秩序失衡,最终整体利益受损的现象。

听起来是不是有点像内卷?

很多管理者是享受内卷的,因为员工卷出来的收益,最终都归于组织。但其实从长期角度看,内卷必然会使整体利益受损。作为管理者,要适时调整组织节奏,以结果为导向,避免无谓的形式。

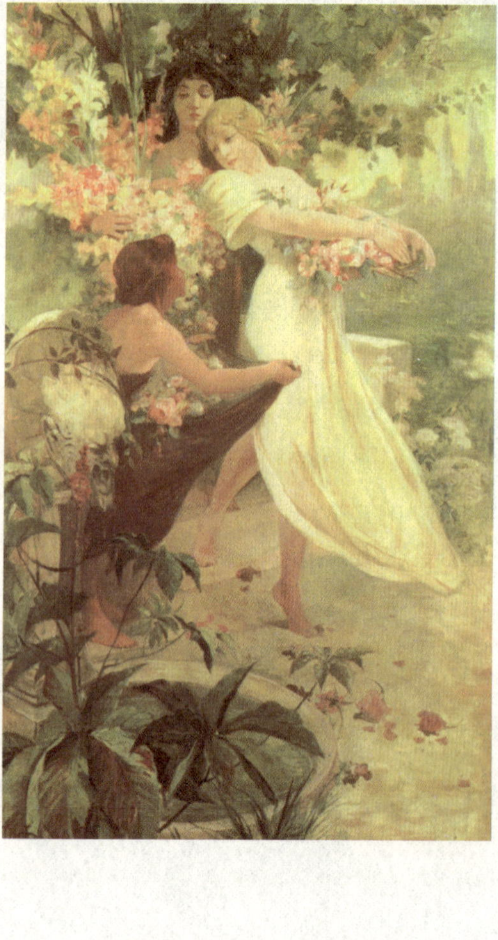

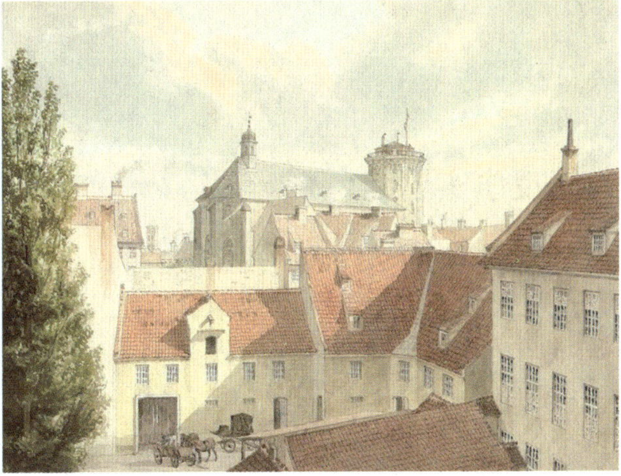

053

反事实思维:
学会往前看

"要是早出门半小时就好了，现在就不会错过飞机了。"

"要是刚才没买那件衣服就好了，现在就能买这件了。"

"要是……就好了"，这样的句式出现，大概率代表了一种思维模式——反事实思维。

反事实思维是诺贝尔经济学奖丹尼尔·卡纳曼和阿莫斯·特沃斯基提出的，是对过去已经发生的事情，再次进行判断和决策的思维模式。根据再次判断的方向，可将其分成"上行反事实思维"和"下行反事实思维"，即想象中的情况比现实情况更好或更差的思维模式。

根据观察，反事实思维更容易在管理者身上出现。"要是当时没有做这个决定就好了……"但人生没有回头路，即使是错误的决策，结束了就是结束了，要大胆往前看，而不是陷入没有意义的反事实思维中。

054

思维反刍：
让下一次更好

"反刍"指某些动物进食一段时间后将胃里半消化的食物送回嘴里再次咀嚼，例如骆驼、牛。而思维反刍，是指人像动物反刍一样，在事情已经发生后反复思考，也被称为反刍思维。

它包括强迫性反刍和内省式反刍，前者更像是网络流行语"精神内耗"，对事物的关注点始终在负面的过去，总是在后悔，所以容易产生自怨自艾的心态；后者则更类似"复盘"，能够以全面的视角、理性的态度看待过去发生的事情，它的关注点在下一次，即如何让下一次更好，因此也能产生更积极的影响。

身为管理者，必须养成内省式反刍的思维，因为你的目标永远是让下一次更好。

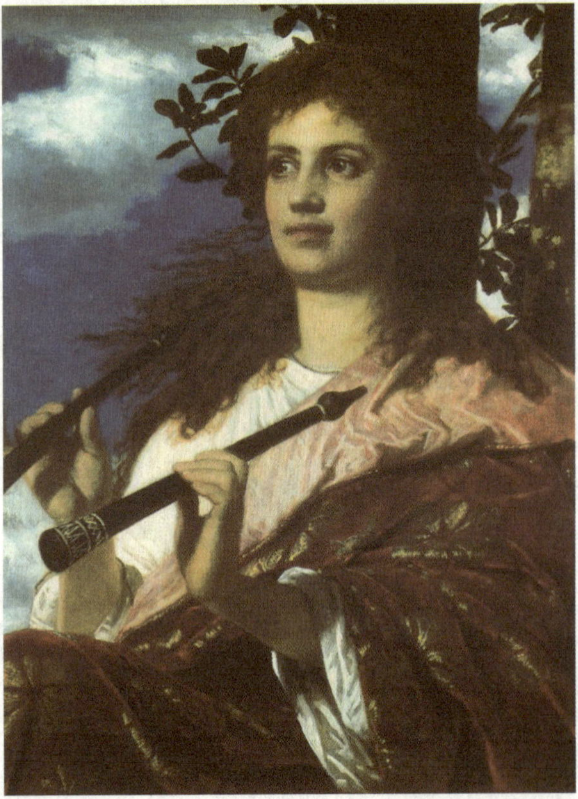

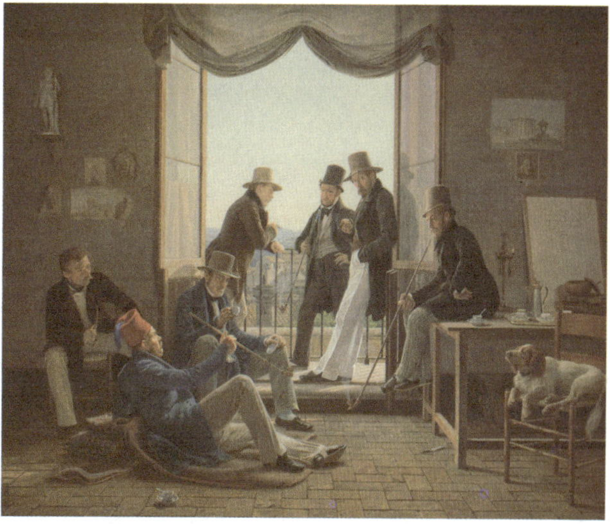

055

时间管理:
管理优先级

身为管理者,最大的困扰就是时间不够用。无论你在做多么重要的事,总会被更重要的事情打断。长此以往,时间管理成为一个难题。

关于时间管理有很多方法,如日周年计划管理法、四象限管理法,这些都是高效的管理方法,可以根据自己的喜好去选择。这里想跟大家分享时间管理思维的核心,它不是按照顺序将日程排得满满的,也不是严格按照某个行程表来工作,而是分清优先级。

有些事情看起来微不足道,但可能对你的目标有至关重要的影响。有些事情看起来非常紧急,但从目标出发,它真的有那么重要吗?所谓时间管理,也是精力管理、优先级管理。

面对任何事情,先问这件事必须做吗?再去安排它,而不是立刻排进日程。

056

1分钟管理法:

低成本高效率

1分钟管理法是目前最流行的管理法则之一，其简单、实用，已经被应用于许多世界500强企业。

• 1分钟目标：组织中每个人将自己的目标和职责记录在一张纸上，必须在250个字内表达清楚，确保1分钟内能读完。目的在于让员工高效厘清自己的目标。

• 1分钟赞美：管理者花费1分钟时间称赞员工成绩，以此激发员工积极性，不断前进。

• 1分钟惩罚：对于员工犯的错误，管理者自然要提出批评，但是不宜过多，要坚决做到对事不对人。没有人不犯错，批评的目的在于确保下一次正确完成。

1分钟管理法则最重要的是将管理核心浓缩为三个要点。这三个要点其实很重要，但常被管理者忽略。可以从放下本书后开始尝试，你的团队会给你一个很好的反馈。

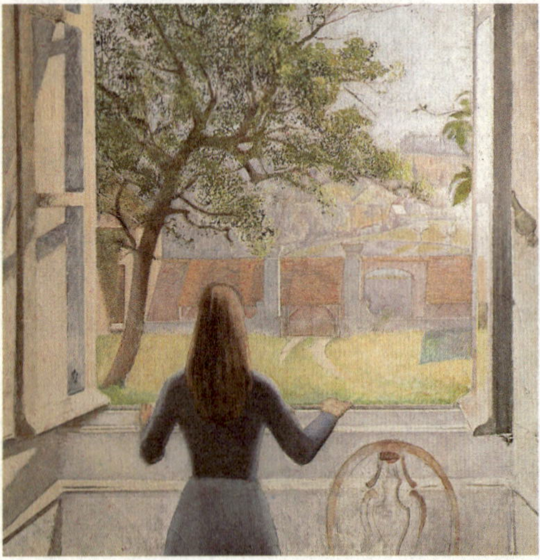

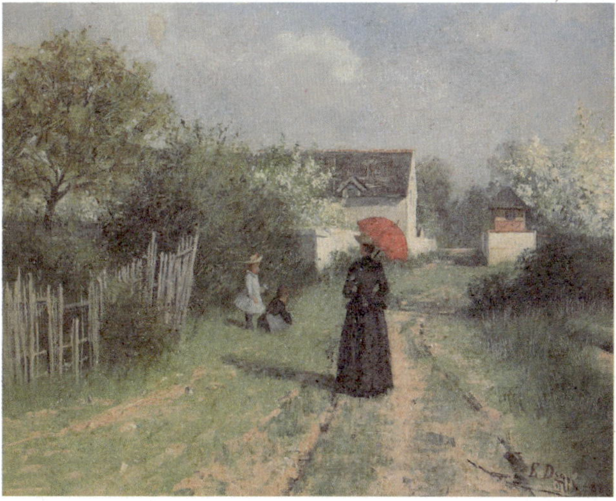

057

不作为惯性:

避免做出错误选择

当你发现自己错过了一个超级优惠后,如满100减50的优惠券,还有一个还不错的优惠,如满100减40,你会选择立刻接受吗?

从社会调查来看,尽管这个还不错的优惠是当前客户选择范围内最好的选择,但相较于没有接触过超级优惠之前,现在人们更倾向于放弃。

这便是不作为惯性。

它是指当人们错过一个最佳选择时,便会对接下来的类似机会置之不理,甚至即使后来出现的选择比之前的更好。这里面有很多人性博弈的原理,例如预期后悔、价值贬损等,但无论原因是什么,对于管理者来说,这是必须避免的行为。

不作为惯性会使人做出不理性的决策,错过更好的机会。所以,每次决策前,一定要摒除不重要因素,完整而理性地进行思考,致力于每次都做出最佳决策。

058

约翰逊效应：

人生的通透

我们身边都有不少这样的同学，每次考试都名列前茅，却在高考时折戟沉沙。在心理学中，这种平常表现优秀，但由于心理素质不够强，而在赛场上失败的现象叫作"约翰逊效应"。

进入社会，约翰逊效应也无处不在：一次大型项目汇报、一次升职答辩、一次客户展示……每一次赛场上的表现，都决定了赛场下无数个日夜的努力是否白费。无论是管理者还是普通员工，约翰逊效应都是必须攻克的难关。

本质上，存在约翰逊效应是因为我们目光太过狭隘，当你把每次比赛都看作一次技术的提升，而不仅仅是结果的成败，那你的心态一定会有所变化，也会影响结果。当你能把每一次失败化为一次人生的练习，那么就能很好避免约翰逊效应的影响。

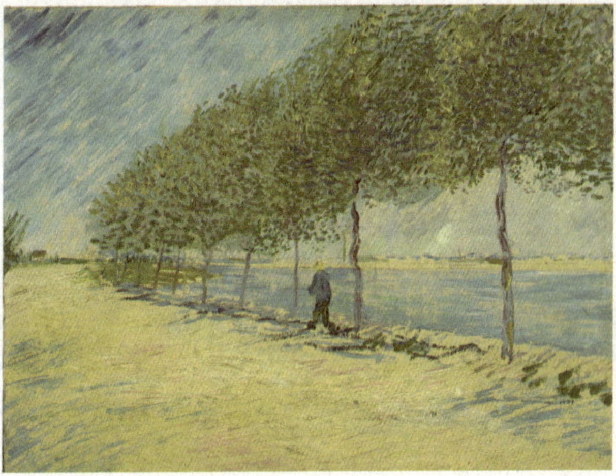

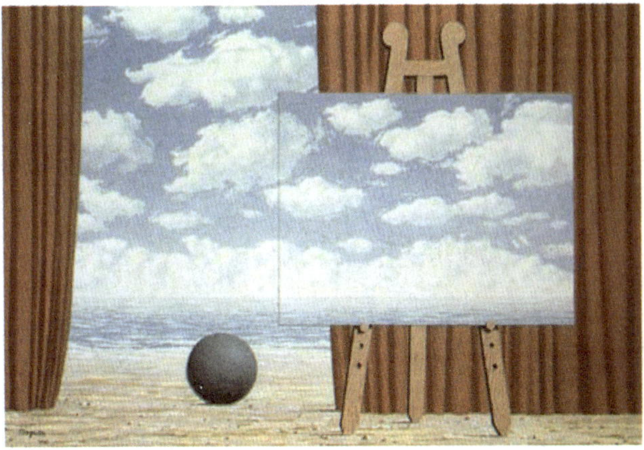

059

第一性原理:

学会回归本质

"第一性原理"是硅谷"钢铁侠"马斯克极力推崇的思维方式。

它是从物理学的角度看待世界,一层层剥开事物烦琐的表皮,追寻内里的本质,再从本质出发,一层层向外思考。换句话说,是一种通过回溯事物的本质来思考的方式。从特斯拉的生产到火箭发射,马斯克通过第一性原理完成了许多人连想都不敢想的事情。

经常听说"人类一思考,上帝就发笑",正是因为人类为自己设定的规则太多了,所以在规则之下,往往很难寻到新的解决方法。只有打破规则,钻入事物的内核,再以新的路径来思考,就会发现不一样的东西。

060

情绪 ABC 理论:
学会拆解你的情绪

面对同一件事，不同的人有不同的态度，例如期末考试两个人都考了59分，一个人无所谓，另一个人却伤心欲绝。为什么？

先来看情绪ABC理论的三个字母：

A（Activating Event），即诱发情绪的事件本身，简称诱发性事件。

B（Belief），代表个人针对诱发性事件的信念、态度、看法。

C（Consequence），指人对事件做出的情绪反馈，开心或悲伤，无所谓或生气。

情绪ABC理论由美国心理学家艾利斯提出，他认为，A只是引发C的表象原因，真正的原因在于B，即个体或群体对A的评价，即事件A发生后，并不必然导致结果C，而是经由个人反馈或评价的B，才会产生结果C。

就像倒数第一考59，父母也许会高兴，而年级第一如果考59，那父母自然就失望至极。父母的情绪会传导给他们，其实最终分数不重要，重要的反而是针对分数的众人的态度。

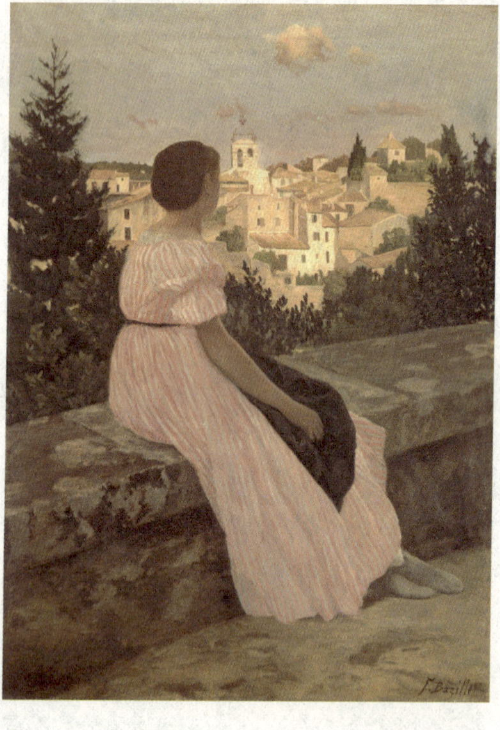
F. Bazille

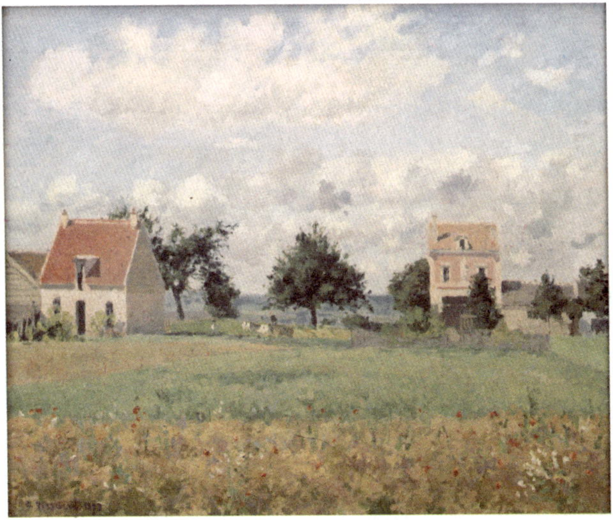

061

熵增定律:

演化终极规律

你有没有发现，如果没有人维护，鲜花很快会衰败，热水很快会变凉，房间很快会变乱……为什么呢？因为熵增定律。

熵增定律是热力学第二定律，用于衡量一个系统内在的混乱程度。具体而言，如果一个孤立系统没有外力做功，那么它的熵值（总混乱度）会不断增长，变得越来越混乱。

物理学家薛定谔曾说："人活着就是在对抗熵，生命以负熵为生。"熵增定律是一种世界观，揭示了世界运转的终极规律，企业管理亦包含于内。在一个组织中，开始都是有效运转的，但随着时间的变化，组织会变得冗余，员工会变得懒惰，企业也不可避免地从繁荣走向衰落。

作为管理者，要接受熵增定律，更要在规律中寻找生机。

062

垃圾人定律:
你的团队健康吗?

垃圾人定律，又称"垃圾车定律"，由拥有心理学和经济学双学位的学者大卫·波莱提出。他将病态的情绪称为垃圾，而携带这些情绪的人就像一台"垃圾车"，他们跑来跑去，将负面的情绪传播给其他人。

"垃圾人"的形成有很多原因，而作为管理者，既要避免自己成为"垃圾人"，不要将在别处受到的负面情绪释放给团队，也要学会识别团队中的"垃圾人"，避免让一个人的情绪影响整个团队的氛围。

当然，人难免有负面情绪。研究表明，人的一生中，十分之四的时间都处于负面情绪中。作为管理者，要善于化解自己的负面情绪，尽可能不要让情绪影响团队，也要善于化解团队中的负面情绪，通过适当的交流保持团队成员健康、积极的心理状态。

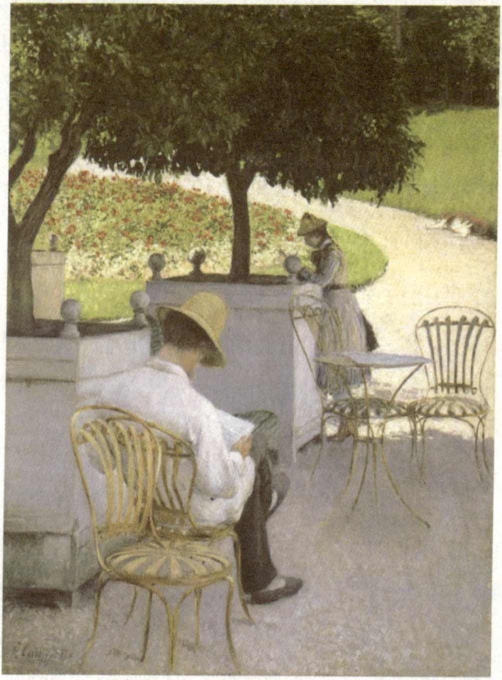

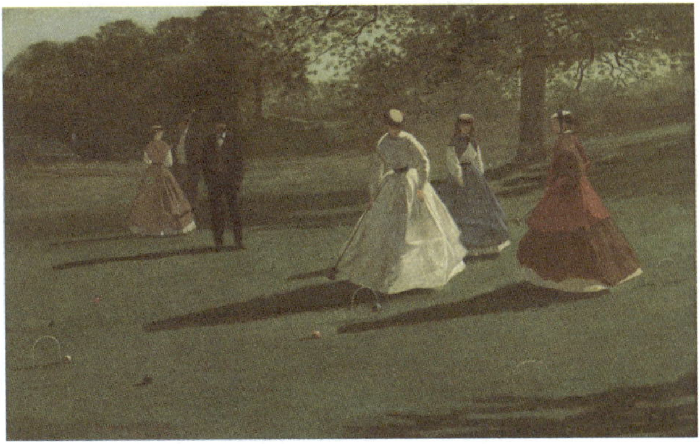

063

21天效应：

快速养成一个习惯

坚持运动、读书、早睡早起……你是不是也经常想养成好的习惯，却总是失败？可以试试21天效应。

21天效应源于行为心理学，是指一个人要养成一个新习惯（形成并巩固）至少需要21天。

根据研究，习惯养成大致分为三个周期。

第一个周期：1-7天，需要刻意练习甚至强迫自己完成，建议在固定时间、固定场景完成某个习惯，减少决策流程，准时开始行动。

第二个周期：8-14天，仍然需要提醒，但已经没有太多抗拒，逐渐开始享受习惯本身。

第三个周期：15-21天，基本已无须提醒，但仍然容易被外力打断，切记努力坚持。

习惯的养成既简单又复杂，无外乎坚持二字。试着从今天开始，养成一个小习惯吧！期待21天后的效果！

064

猴子管理法则:
高效管理你的团队

你的员工每件事都向你请示吗？

如果是的话，抱歉，你的管理方法有问题。

猴子管理法则由教授比尔·翁肯提出，它将工作比作活蹦乱跳的猴子，如果管理不当，它们将随时从员工的背上跳到你的背上。如果你的团队中有 10 个员工，每个人的猴子都在你的背上，你还会觉得高兴吗？很快你就累了。

猴子管理法则旨在通过一个生动形象的比喻提醒管理者，你每天要从员工背上接受多少只猴子？你如何让每位员工学会自己背猴子？这里的猴子可以是某个问题，也可以是工作责任。

记得，每天上班前，数数自己背上的猴子。如果太多，记得还给你的员工。

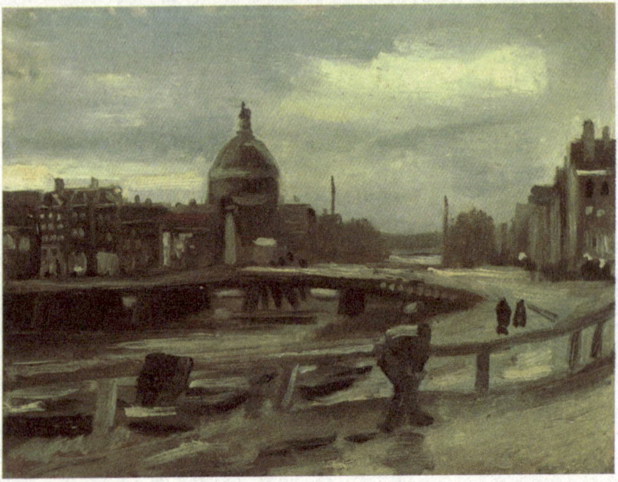

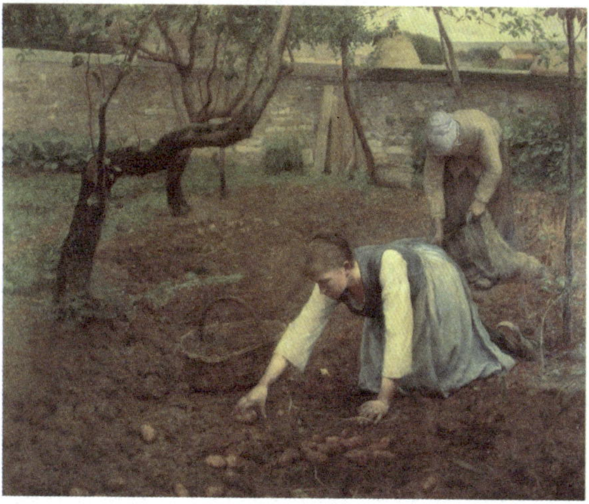

065

懒蚂蚁效应:

懒于杂务,才能勤于动脑

日本一个研究小组对一群蚂蚁进行了观察。他们发现，蚁群中的大多数蚂蚁都很勤快（找食物、运食物），但仍有少部分蚂蚁很懒惰，东张西望、无所事事。他们将其称为"懒蚂蚁"。

接下来的研究很有意思，当研究人员对懒蚂蚁做了标记，同时断绝蚁群的食物来源，那些平时工作勤快的蚂蚁变得不知所措，而懒蚂蚁们则站了出来，带着蚁群找到它们提前侦察到的新的食物来源。原来，懒蚂蚁并非懒，当勤快的蚂蚁在工作时，它们在侦察和研究。

这就是"懒蚂蚁效应"，它告诉我们：一要远离杂务，才能勤于动脑，管理者要学会摆脱身上不必要的工作；二要团队合作，一个队伍中要有勤蚂蚁，也应该要有懒蚂蚁，当下的工作要干，但也有人要对未来进行思考。

066

踢猫效应:

学会情绪管理

经常会发生这样的情景：老板对中层管理者发了火，中层管理者回去批评了基层管理者，基层管理者又开会骂基层员工，最终全公司的人都遭殃。而追究缘由，老板发火或许跟基层员工根本没有关系。

这就是踢猫效应，即处于高位者对地位低于自己的对象发泄负面情绪，由此产生的一系列连锁反应。人的情绪是会传导的，而一般会沿着社会关系链条进行传导，由处于金字塔尖者传导到最底层，直到再没有比他更低一级的人。

情绪管理是一门学问，优秀的管理者都是情绪管理大师，因为他们深知自己的喜怒哀乐极大影响着整个组织的运转。学会拒绝踢猫效应，拒绝让自己成为坏情绪传染的源头！

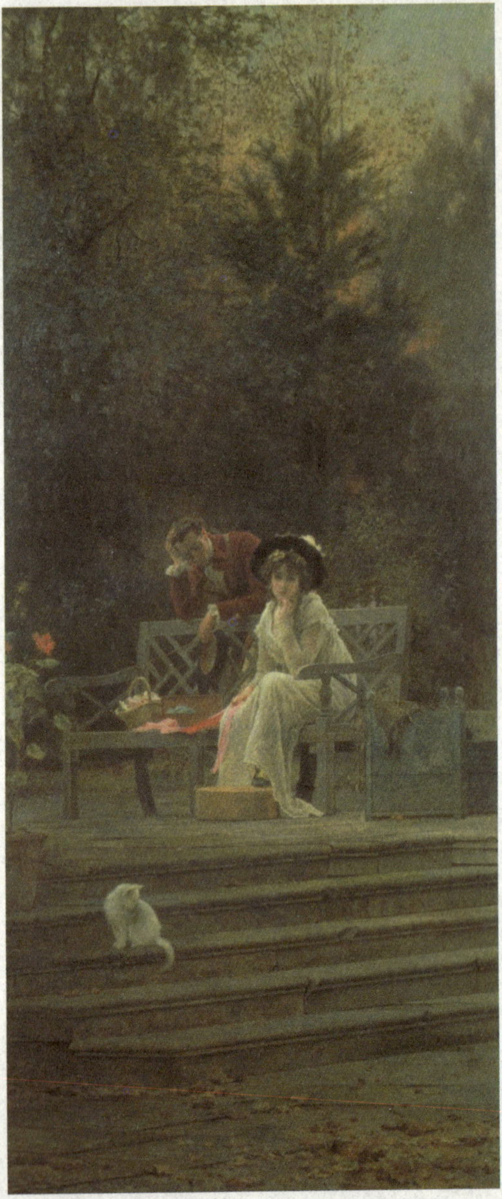

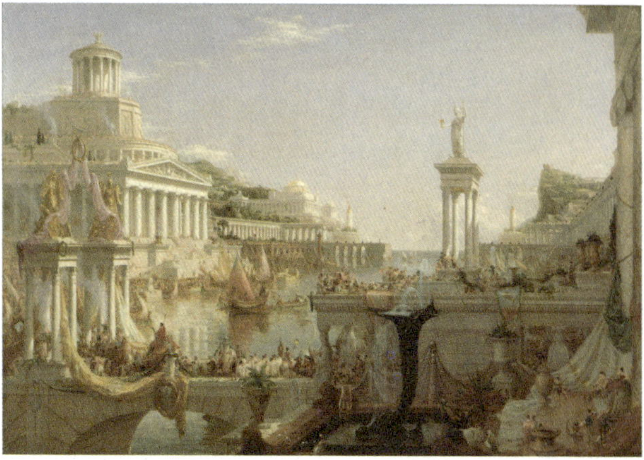

067

十七条黄金定律:
成功的快捷之径

十七条黄金定律，由世界励志成功大师拿破仑·希尔提出。他经过数十年研究，将一个人能够取得成功的所有主观因素浓缩为十七条法则，致力于帮助渴望成功的人。轮船大亨罗伯特·达拉曾评价："如果我五十年前学到这十七条黄金定律，那我可能只需要一半的时间就能取得现在的成就。"

十七条黄金定律：

- 保持积极的心态
- 制定明确的目标
- 多行动/实践
- 正确的思考方法
- 高度的自制力
- 建立领导力
- 培养自信心
- 培养个人魅力
- 正确对待失败
- 学会创新
- 不灭的热情
- 专注
- 善于合作
- 持续的进取心
- 时间管理和金钱管理
- 健康的身体和心灵
- 养成良好的习惯

068

马蝇效应:

激发团队活力

马蝇效应由美国前总统林肯提出,他认为即使再懒惰的马,只要身上有马蝇叮咬,就会跑得飞快。在管理学中,"马蝇"就是组织中的激励因子。如果管理者能够找到合适的激励因子,就能激发团队的积极性,为组织创造出更大的价值。

不论你的团队刚建立时成员多么的能干,经过一段时间后,都会逐渐变得懒惰。这种懒惰会让团队失去竞争力,也会给管理者带来压力。因此,优秀的管理者应该适时找到团队中的"马蝇",激发团队成员的斗志,防止团队在平静中休克,从而变成一潭死水。

当然,不同类型的员工需要不同类型的"马蝇",管理者要学会对症下药,让你的团队重新活跃起来,变成跑得飞快的战马!

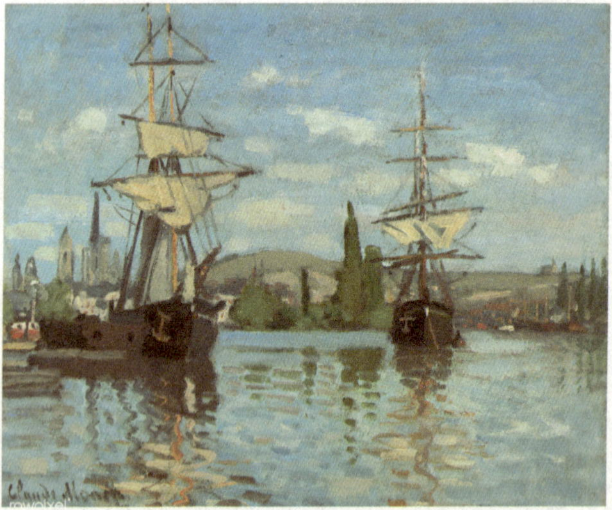

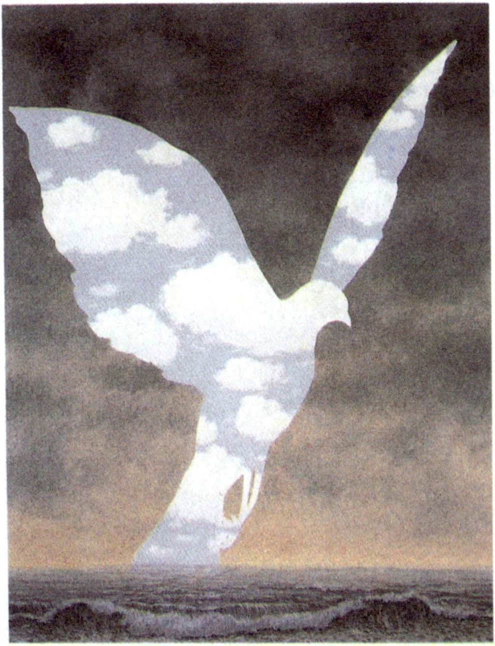

069

海潮效应:

学会吸纳人才

海潮效应，原本指海水受到引力涌起，引力大为大潮，引力小为小潮，引力弱则没有潮。海潮也可以对应社会中的人才，作为企业中的管理者，如果加大对人才的吸引，从上到下形成尊重人才的氛围，那么，很快四面八方的人才便会吸引到你的组织中，形成人才海潮效应。

纵观历史，刘备三顾茅庐请诸葛亮，燕昭王修建"黄金台"来招纳天下贤士，可见海潮效应的力量。身为管理者，请记得人才是企业的第一位，吸引人才是支撑企业发展的第一位要素。

070

飞轮效应:
让你的团队飞起来

什么是飞轮效应?

一开始为了让静止的飞轮转动,我们不得不很努力去推,但慢慢地,飞轮开始运转起来,会转得越来越快,到达某一临界点后,即使你不去推动飞轮,它自己也会高速运转。

这就是飞轮效应。

飞轮效应就是增强回路。A 增强 B,B 反过来又增强 A,形成争相循环,最终越来越强。就像在健身房骑动感单车,前几圈总是最吃力的,到了后面就会越来越轻松。

对于管理者来说,万事开头难,无论是创业还是带团队,一开始总是最难的。但只要找对方向,让飞轮慢慢转起来,那么很快它自身就会迸发巨大的活力。

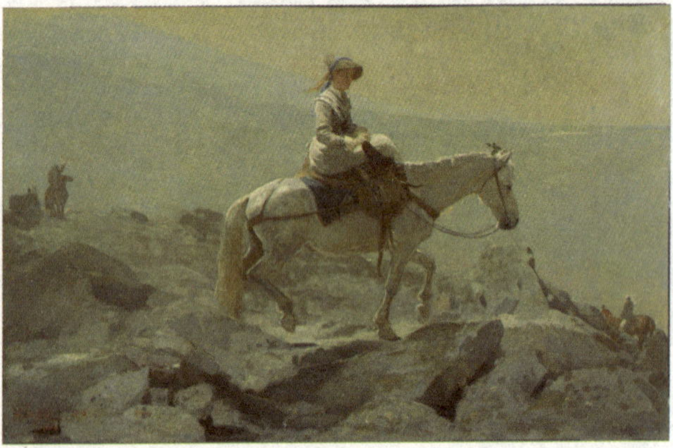

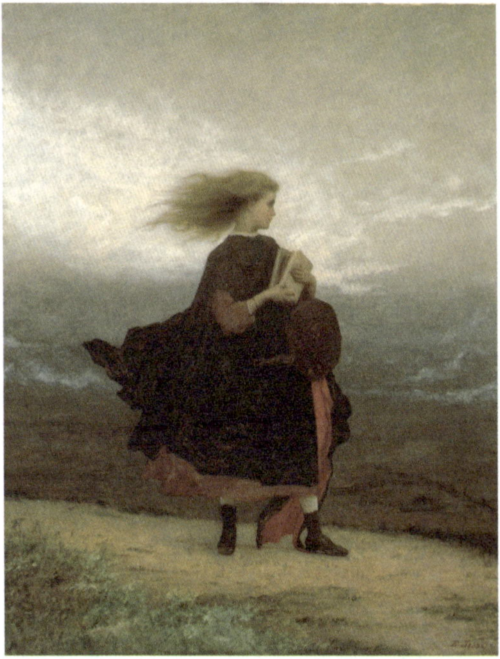

071

结构化思维:
让思考更有逻辑性

遇见问题，常常毫无头绪，不知该从哪里下手？总结汇报时，别人总是言简意赅，你却总是被批评表达混乱？给下属布置任务时，常常东一榔头西一棒槌，十分零散？

如果你有同感，那你是缺乏"结构化思维"。

所谓结构化思维，是指在面对问题时，能够穿透纷繁复杂的表象，对零碎的信息进行结构化思考，从而制订系统性解决方案。

可通过3P法则来思考：

• 目的（Purpose）：为什么要做这件事？外部目的是什么？内部目的是什么？搞清目的地，才能制定出发路线。

• 原则（Principle）：需要遵循哪些基本原则？根据原则筛选方法。

• 流程（Process）：在不违背原则的前提下，要实现目的，需要完成哪些工作？

人与人最本质的区别在于思考方式，学会结构化思维，让思考更有逻辑性。

072

焦点法则:
集中力量办大事

你肯定听过这句话：不要把鸡蛋放在同一个篮子里。

这句话对吗？

在对美国33家大型企业1950-1986年的业绩表现进行研究后，哈佛大学教授迈克·波特得出结论：多元化在创造股东权益上所做的贡献，不及它的破坏来得大。不只是他，美国营销大师艾尔·赖斯更是直言，主张把所有鸡蛋放在同一个篮子里。

所谓焦点法则，就是找出企业未来的方向，并聚焦方向投入所有资源。就像太阳光，如果你用放大镜聚焦光线，能让纸张瞬间着火，这就是聚焦的力量。

在竞争激烈的市场环境中，资源太过分散会丧失力量，反而集中力量办大事有时候会出奇效。当然，对于这一法则每个人都有不同的看法，焦点法则只是为管理者提供了一个新的企业经营思路。

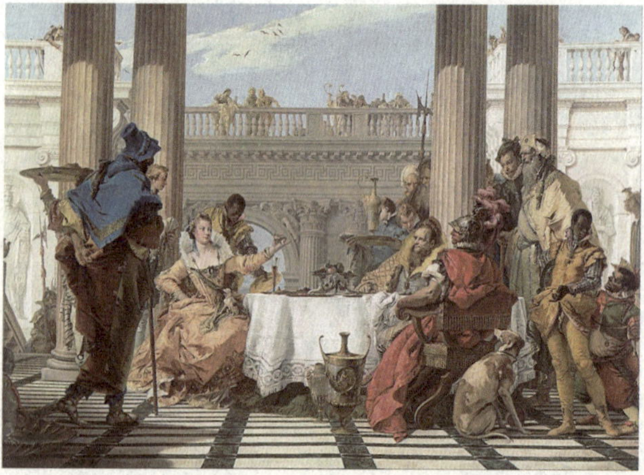

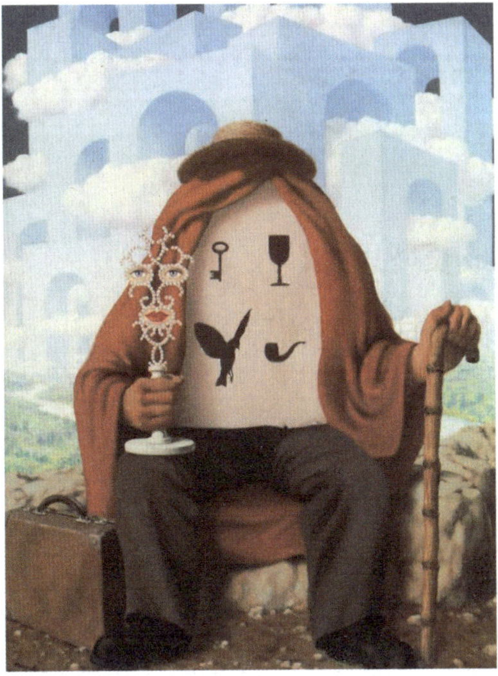

073

成长型思维:
做个成长型领导

你羡慕聪明的人吗?

你是不是经常暗自想:为什么他那么聪明,一学就懂,为什么我这么笨,怎么都学不会?

如果是的话,你已经陷入了"固定型思维"模式。

心理学家卡罗尔·德韦克根据个人对自身能力的认知,将思维模式分成:固定型思维和成长型思维。

固定型思维(Fixed Mindset):自己的能力是天生的,不会就是不会。尤其是在遇见不会或不懂的问题时,第一反应便是逃避。

成长型思维(Growth Mindset):头脑和天赋只是个人的起点,能力是可以后天习得的。同样,当遇见不会的问题时,可以通过主动学习来解决。

世界上存在天才,但很少存在全才。每个人都会遇到不懂的事物,懂不懂不是关键,关键的是态度与思维。

延伸阅读:《终身成长》,卡罗尔·德韦克。

074

**大石头理论：
找到你的大石头**

假设将你一天的时间看作是一个瓶子,现在要往这个瓶子里放大石头和水。如果你先放大石头,那还有空隙来放水,而如果你先放水,那大石头会放不进去。在这里,"大石头"代表的是工作中重要的事情。

所谓大石头理论,核心在于找到重要的事情。我们的时间就像一个瓶子,迟早会被各种各样的事情塞满(水),如果你不在一开始先把重要的大石头放进去,那很快你会发现你已经没有时间了。而如果你一开始就考虑重要的事情,那在完成重要事情的间隙,还有时间完成那些琐碎的日常工作。

大石头理论本质上也是一种时间管理技巧。作为管理者,首先要找到你的大石头,其次在你的日常时间安排中,尝试践行大石头理论,先完成重要的事情。

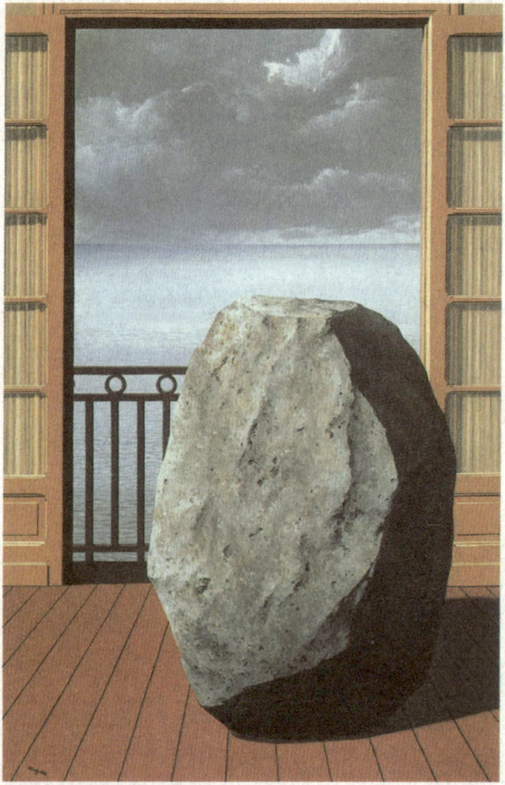

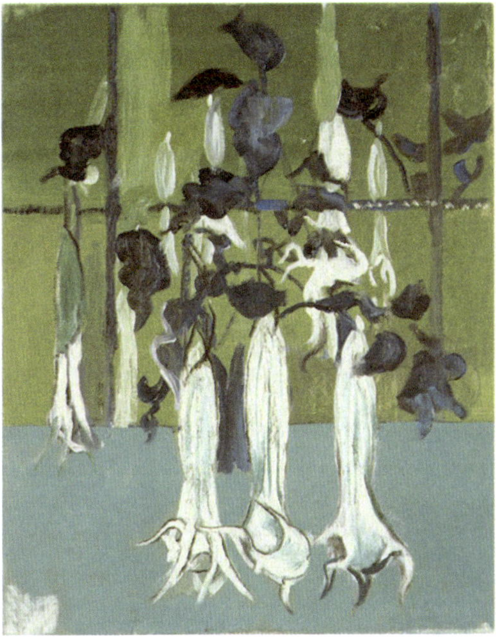

075

曼陀罗思考法:
高效思考法则

曼陀罗思考法是一种思考方法,常用于创意工作中,由日本博士今泉浩晃最先推广。它以九宫矩阵为基础,辐射发散思考,能快速产生成百上千个灵感。

曼陀罗思考法的六个路径:What(对象)、Why(原因)、Who(人员)、Where(地点)、When(时间)、How(方法)。无论是什么主题,都可以通过这六个路径得到一个完整的思维景观图。其中,How作为一种探询的视角,可以融合在另外五个的思考中。

以"人际关系曼陀罗图"示例:

在Who位置填写自己的名字,在周围分别填上自己最亲近的八个人的名字,这样可以形成你最核心的人际关系图。以此为基础,将这八个人分别放进新的曼陀罗图中,这样下来,8×8=64,就可以形成你的人际关系图了。

作为管理者,要学会善用曼陀罗思考法,尝试扩大思维半径,让你的思考力翻倍。

	What	
Where	Who	When
	Why	
曼陀罗思考法		

076

SWOT 分析模型：
学会战略分析

SWOT 分析法，又称强弱危机分析、优劣分析等，是最经典的分析方法之一，常用于企业战略制定、市场营销等场景。

S—Strengths（竞争优势）：是指企业优于竞争对手的方面，如拥有更高的品牌知名度、利润率更高、客户认可度更高等。核心在于，我有你没有，或者你有，但我比你更好。

W—Weakness（竞争劣势）：是指企业劣于竞争对手的方面，如市场占有率不够高、盈利模式不具备可持续性等，与竞争优势恰好相反。

O—Opportunities（机会）：外部环境或内部环境存在的机会，如市场增长、出海、政策扶持、科技创新等，即现在没有但未来可能利于企业发展的因素。

T—Threats（威胁）：外部环境或内部环境存在的威胁，如市场萎缩、政策变动、科技瓶颈等，即现在没有但未来可能抑制企业发展的因素。

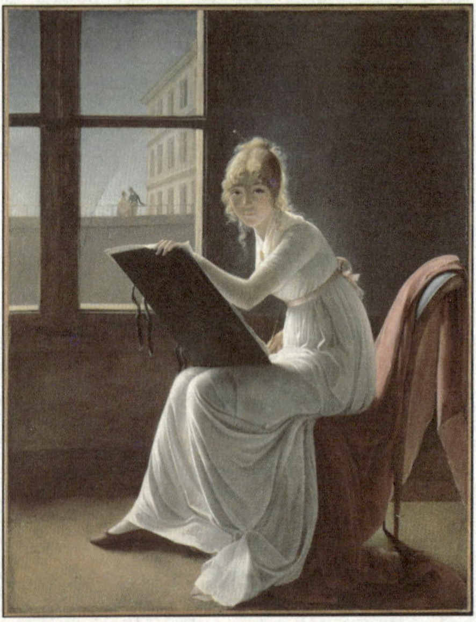

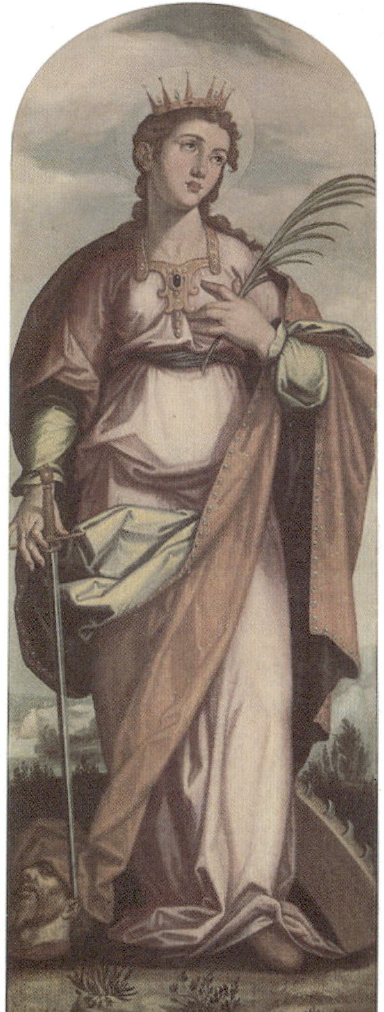

077

MBTI 人格理论：
职业人格评估工具

"你是E人还是I人？""我是ENTJ，你是什么？"你知道这些都是什么意思吗？

其实他们都来源于MBTI人格理论，这不仅是年轻人追赶的潮流，还是目前国际上最流行的职业人格评估工具。在全球500强企业中，超过80%企业有应用此的经验。

MBTI人格理论从四个角度对人进行分析，以此来判断一个人更擅长什么样的工作，具体如下：

精力支配（精力来源）：

外向E（Extrovert）——内向I（Introvert）

认识世界（如何搜集信息）：

感觉S（Sensing）——直觉N（Intuition）

判断事物（如何做决定）：

思维T（Thinking）——情感F（Feeling）

生活态度（如何应对外部世界）：

判断J（Judgment）——知觉P（Perceiving）

四个角度八个字母两两组合，最终形成十六种人格类型。只要管理者能识别并用对人才，不管什么样的人格，都能为自己、为企业发挥最大价值。

078

KISS 复盘法：
你会复盘吗？

世界 500 强企业高管九边说："我认为'回溯'和'反思'是人类历史上最伟大的进步，它让人摆脱了思想上的重复性错误再发生。"

善于复盘，是管理者最重要的功课。

KISS 复盘法由四个元素构成：

Keep（保持）：沉淀过去做得好的地方，并继续保持，形成可复用的经验，最终成为其他人无法超越的优势。

Improve（改进）：做得不错，但还需要改进的地方，制定改进措施，最终将其变成团队的强项。

Stop（停止）：复盘最关键的部分，将影响团队的不利因素及时剔除，避免下一轮的错误发生。

Start（开始）：即那些你本该做却没有做的事情，制订实施计划，让团队更加有竞争力。

KISS 复盘法是很实用的复盘方法，无论是针对个人还是团队，都能发挥极大的价值。

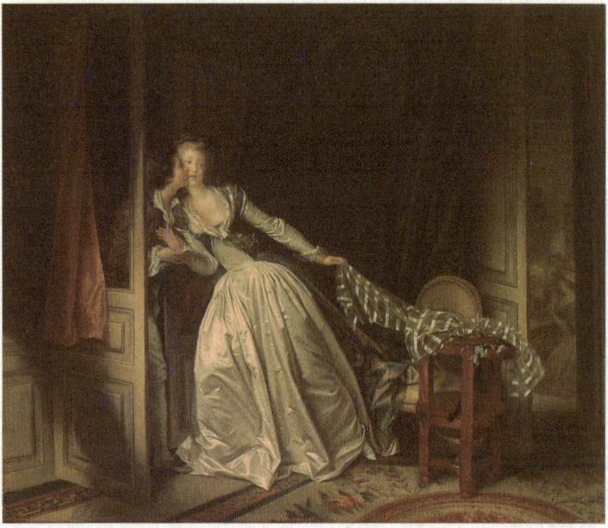

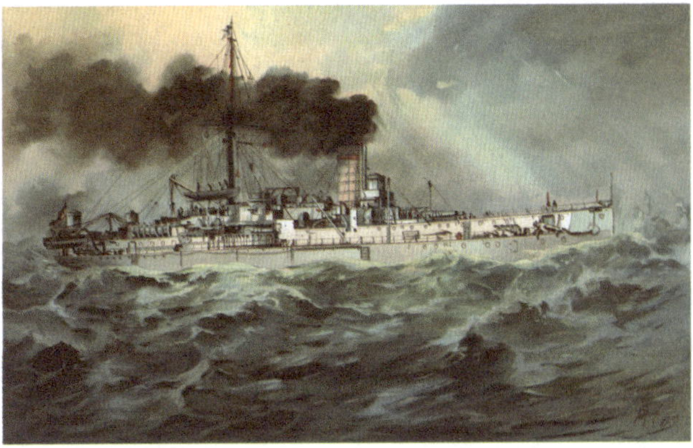

079

六项精进:

稻盛和夫的秘诀

如果我们每天都能持续实践这"六项精进",我们的人生必将更加美好,甚至超乎我们自己的想象。我的人生就是如此。

——稻盛和夫

六项精进由日本"经营四圣"之一的稻盛和夫提出,他认为六项精进是做好企业经营的基本条件,也是作为个人建立美好人生的基本条件。

六项精进:

①付出不亚于任何人的努力:努力可能不会成功,但不努力一定不会成功。

②不要骄傲,要谦虚:唯谦是福。谦虚的领导带领谦虚的团队,打造谦虚的企业。

③每天反省:人不怕犯错,怕的是知错不改。

④活着就要感谢:能力越大责任越大,站得越高越应当有慈悲之心。

⑤积善行,思利他:要学会智善,而非愚善。

⑥忘却感性的烦恼:只要活着,就有烦恼,不要让感性的烦恼困扰自己。

080

鳄鱼法则:

要勇于舍弃

当你被一只鳄鱼咬住脚时，你会怎么办？

如果你试图用你的手去帮助你的脚挣脱，很快，鳄鱼会同时咬住你的脚与手。你越挣扎，它咬得越多。

那该怎么做呢？很简单，在一开始时，就牺牲你那只被咬住的脚。

鳄鱼法则常用于市场交易中，当你知道自己犯错时，立即出场，切不可被无谓的情绪绑架，最终亏光。同样，它也适用于企业管理中。作为管理者，难免有看走眼犯错的时候，此时，千万不要被无谓的面子绑架，要以最快的速度清理错误，避免造成更大的后果。

失去一只脚固然残酷，但毕竟留住了性命，若是犹豫不决，很可能连命都没有。激烈的市场竞争比鳄鱼更残酷，作为管理者，更要时刻打起精神，既要做对决策，更要在做错时勇于舍弃！

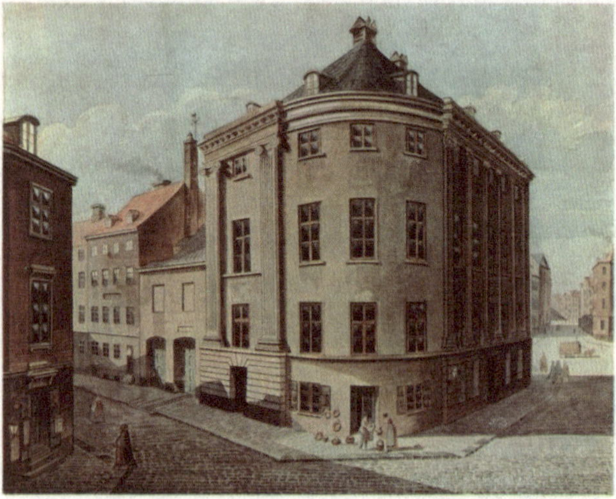

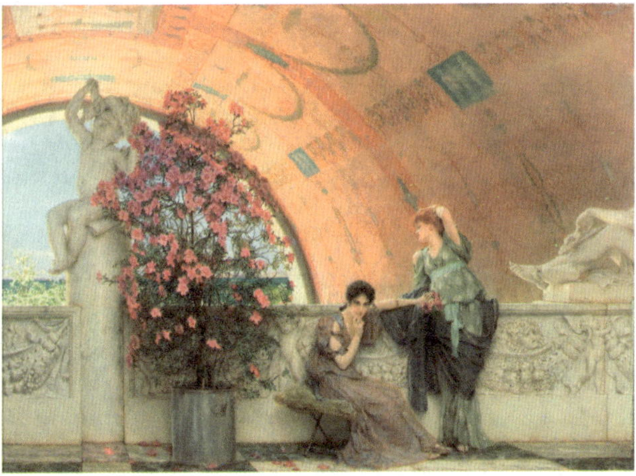

081

企业健康管理:
健康的员工打造健康的企业

美国针对企业健康管理做了一项调查,进行健康管理的企业,其员工的人均年产出总值能提高50%以上,即当员工越健康,他们的工作效率就会越高,企业的发展也会越好。

什么是企业健康管理呢?

它是人力资源管理的工作之一,从社会、心理、生理等各个方面来关注和保持员工的健康状态。企业健康管理主要通过两方面来提高企业的效率,一是当员工感受到公司的关心时,会更有归属感,更愿意去为企业创造更大的价值,激发员工自身的创造力;二是健康的身体是激情工作的基础,当身体更健康,人的精力会更充沛,产出效率自然会提高,员工的贡献度也会提升。

未来,随着人才越来越稀缺,企业健康管理也将成为人才争夺的一个焦点。

082

华为铁三角:

打造你的金牌团队

华为内部打破了垂直的部门形态，以客户经理、解决方案经理、交付经理为核心建立团队，形成了以完成客户需求为第一目的团队模式。

它被称为华为铁三角，其核心在于根据行业的特点，选择核心的角色并以此组建团队，形成一支高效、合作的作战队伍。

"让听得见炮声的人来决策。"既要放权给一线，也要打破组织的垂直僵局，组建灵活、高效的横向团队，以小规模作战的方式去攻坚市场。这是一种团队搭建方式，作为管理者，可以根据不同时间段企业的需求来组建不同的团队，从而让队伍发挥出最大的价值效应。

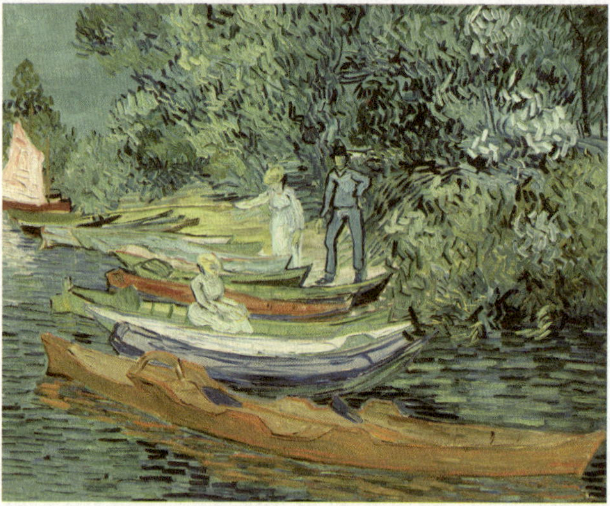

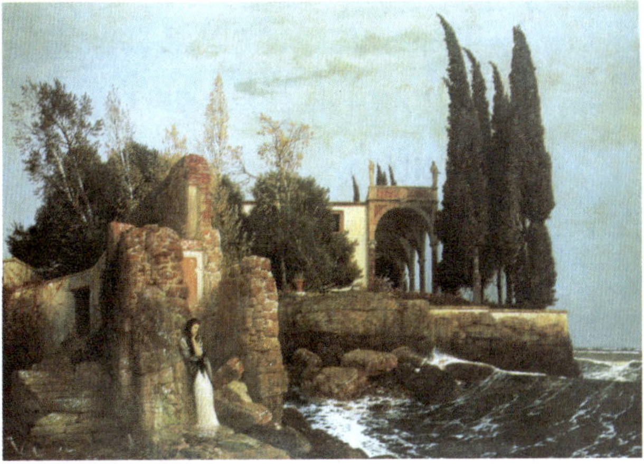

083

波士顿矩阵法:
企业战略流行法则

波士顿矩阵法由波士顿咨询集团开发，是制定企业战略最流行的方法之一。它按照企业利润增长率和市场占有率将公司业务分为四个板块：

●明星业务：

现状：高增长率 + 高占有率

战略：因为市场还在不断扩大，所以要加大投资，扩大占有率，下一步成为企业的现金牛业务。

●现金牛业务：

现状：低增长率 + 高占有率

战略：能为企业带来大量现金，但未来增长有限，所以要压缩成本，保持市场份额，形成产品护城河。

●瘦狗型业务：

现状：低增长率 + 低占有率

战略：既不能产生大量现金，也没有前景价值，基本可以放弃。

●问题型业务：

现状：高增长率 + 低占有率

战略：企业的新业务需要具体情况具体分析，如业务前景如何、公司现金流如何等。

084

情绪智力:
你的情商高吗?

情绪智力,是指个人能感受自己及他人情绪,并利用这些信息做出反馈的能力。情绪智力是情绪感知与管理的智商高低程度。

情绪智力包括五种能力:

• 识别能力:你是否能快速识别自己的情绪?你开心还是难过?生气还是愤怒?

• 管理能力:对自身情绪的管理能力,主要是对负面情绪的管理,比如愤怒。

• 自我激励:通过情绪来激励自己,让自己不断前进,保持热情、专注和自律。

• 识别他人情绪的能力:你是否能很快意识到对方心情如何?

• 人际关系管理:其实人际关系管理就是情绪管理,能对他人的情绪做出适当的反馈,引导群体走向你希望的目标。

作为管理者,情绪智力也是非常重要的一种能力,越往上走越不可或缺,可以通过不断练习来提升!

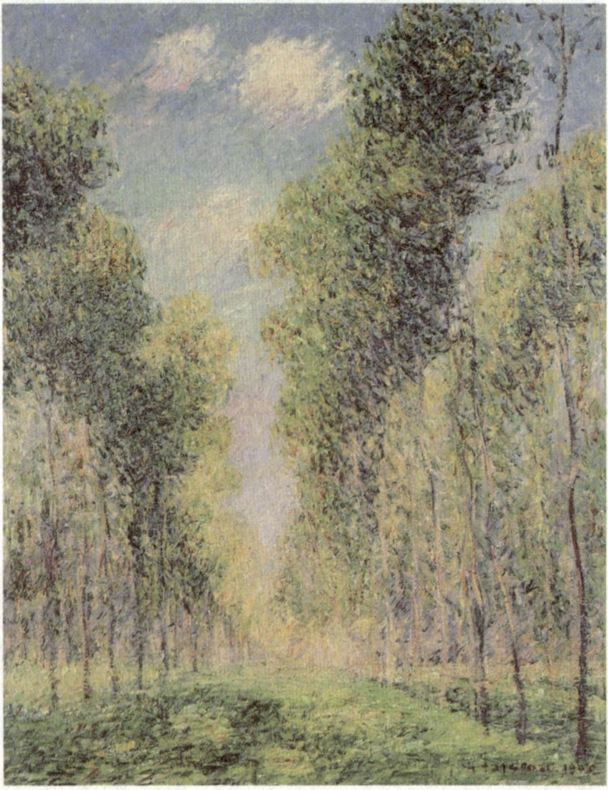

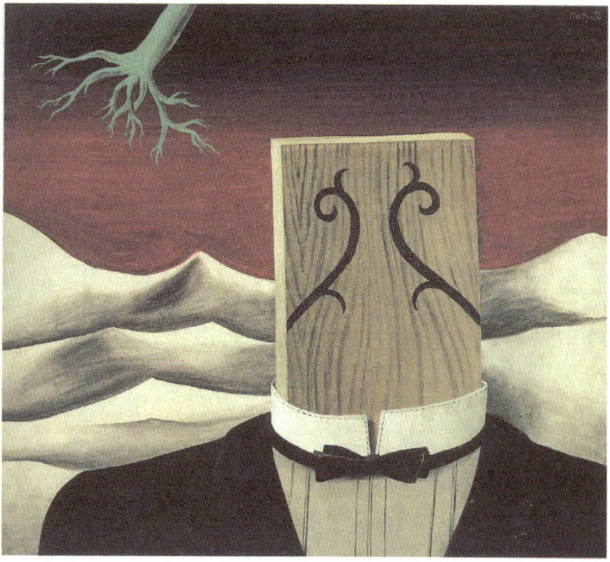

085

名片效应：

如何快速说服对方

如何让对方快速接受你的观点?

不如试试名片效应。

所谓名片效应,是指如果想让对方接受你的观点,你需要先向对方传播一些他们认可的、欣赏的观点,过程中再悄悄将你想传达的观点融合进去,让对方产生一种感觉:我们是一类人,那你说的或许是有道理的。

其关键在于:

• 收集信息。捕捉对方的观点,抛出容易受认可的诱饵,形成有效的名片;

• 寻找时机。在合适的时间点抛出自己的名片,打入对方内部,让对方接受你以及你售卖的观点。

名片效应从本质上是一种说服技巧,先寻找共同话题,让对方卸下心防,再通过话题破圈,产生共鸣与信任,最后展示自我观点,以低摩擦的形式传递自己的观点,达成一致。

086

螃蟹效应：

你的团队有拖后腿的人吗？

如果你读过东野圭吾的小说，就会对人性有新的认识。人性最大的恶，是见不得身边的人好。有时候越是身边亲密的人，越在背后对你抱有极大的恶意——其背后的心理学原理叫作螃蟹效应。

什么是螃蟹效应呢？

假设你用一只敞口的竹篓来装螃蟹，如果只有一只螃蟹，你必须盖上盖子，因为它会爬出来；如果你装一群螃蟹，就不用盖上盖子。为什么呢？因为螃蟹们会互相扯后腿。这就是"螃蟹效应"。

社会学家孙立平提过一个理论，叫"底层沦陷"，就与螃蟹效应相似。这个世界中的大多数人，就像一只只螃蟹一样，会互相拖后腿。作为管理者，你要确保你的团队是在良性竞争，而不是在拖彼此的后腿，这样才能不被淘汰且能不断前进。

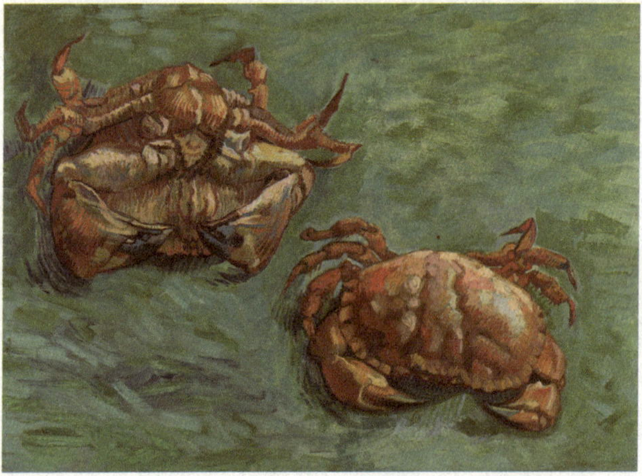

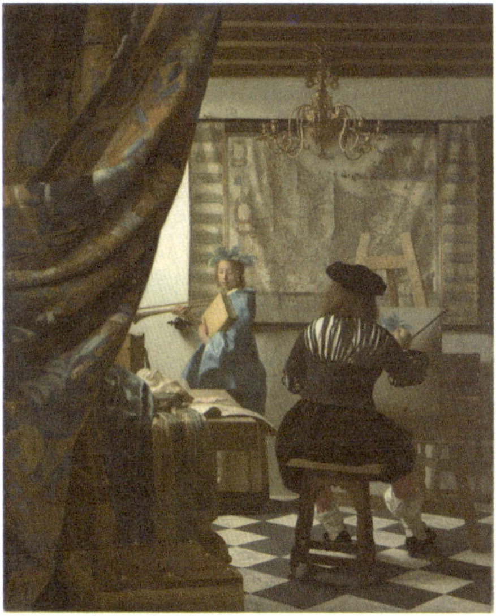

087

跳蚤效应:

不要给自己设限

有这样一项生物学实验：在一只玻璃杯中放一只跳蚤，跳蚤很快跳了出来。接着，再将这只跳蚤放进盖了盖子的玻璃杯中，跳蚤一次次跳起，一次次被撞落。然后，跳蚤开始根据盖子的高度，来调整自己跳起的高度。让人没想到的是，一周后取下盖子，这只跳蚤再也跳不出来了。

跳蚤效应，即当你适应了特定的高度后，你会失去跳得更高的能力。

现在很流行一句话："人生是旷野，而非轨道。"其核心意义在于不要给人生设限。你所拥有的能力或许是你不知道的，在没有尝试以前，不要先自己否定自己。

作为管理者，也千万不要给自己设限。你拥有的想象力越大，你的团队取得的成就也会越大。

088

光环效应：
学会正确识人

光环效应，又名晕轮效应，由美国心理学家爱德华·桑戴克提出。

它指人们在日常人际交往中，表现出的某一方面的特征掩盖了其他特征，从而造成部分认知障碍，例如名人效应、名校效应是最典型的光环效应。

光环效应有其优势，作为管理者，可以利用此效应打造自己的形象，以此帮助团队获取更多的资源，在合作中获取更大的话语权。当然，也要学会避免自己被光环效应干扰。光环效应是一种偏见，能帮助我们快速做决策，也容易让我们陷入被欺骗的误区，要慢慢养成自己的识人法则，避免在人际交往中上当受骗。

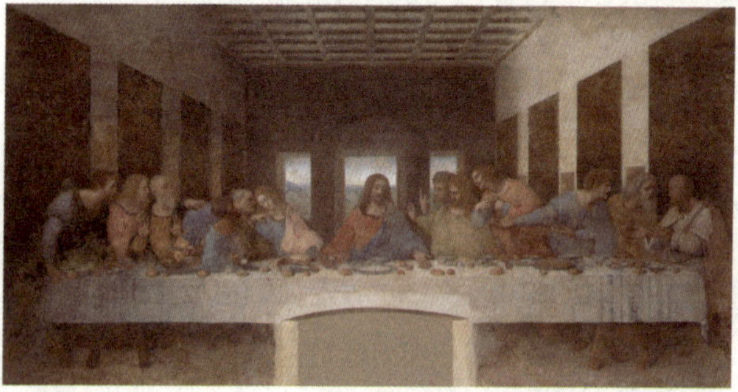

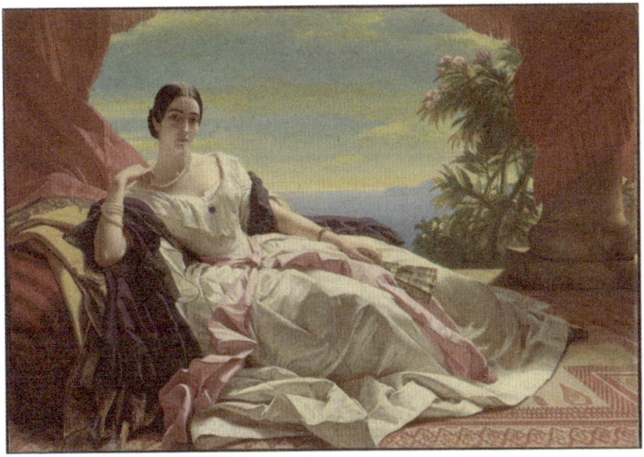

089

让步效应:
你会谈判吗?

如果你很想让某人答应你的要求，那么你先向他提出一个很大而且他一定会拒绝的要求，在他拒绝后，再向他提出你的真实诉求。这样，他答应你的真实诉求的概率比你直接提出真实诉求让他答应的更高。

这就是让步效应，又称门面效应。

每个人都想成为一个让别人觉得还不错的人，当对方提出一个要求，自己已经拒绝后，就很难再拒绝对方提出的下一个要求了。尤其是第一个要求比前一个已经小了很多，出于愧疚以及给别人留下好印象的迫切需要，人们一般都会选择答应。

这其实也是一种谈判技巧，不管是在对外商谈中，还是在对内与团队成员的沟通中，都可以适当运用让步效应，让对方更容易满足你的要求，实现更好的运转。

090

缄默效应:

学会正确批评下属

员工明明犯了错误，却不及时告知你，总是拖到最后一刻无法弥补时才不得不承认出了问题——你遇到过这样的问题吗？

这其实是缄默效应在发挥作用。

在职场中，即使再扁平化的环境，其实也充斥着权力的不平等。员工与领导，在工作中本质是不平等的，受权力的影响，员工更愿意讲领导喜欢、让领导高兴的话，不愿意说实话。主动承认自己犯错，然后让领导劈头盖脸骂自己一顿，员工肯定不愿意这样做。

作为领导该怎么办呢？犯错自然是要批评的，但是批评也分很多种。其实，大部分人知道自己犯了错，都是知错就改的，管理者要激发员工主动改正的动力，同时要就事论事，目标放在避免下一次错误产生，而不是漫无目的地进行人身攻击。

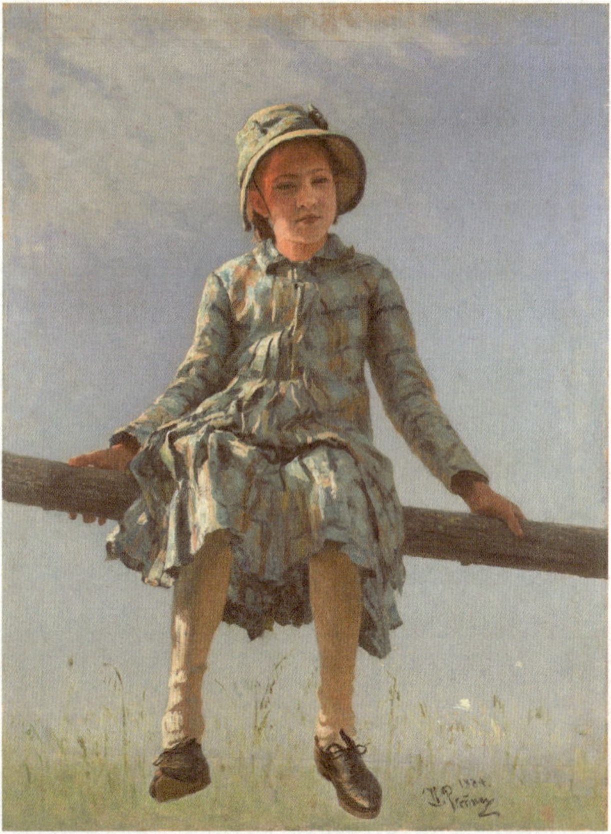

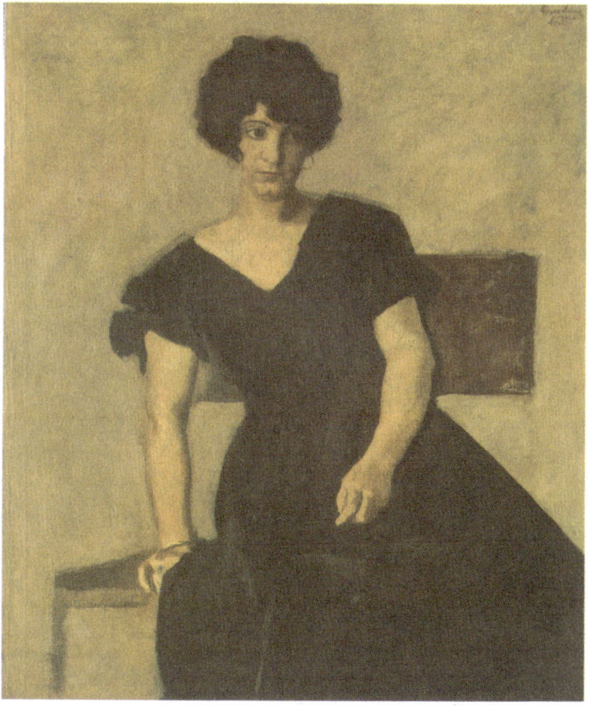

091

费斯汀格法则:
你的态度至关重要

性格决定命运，态度决定一切。费斯汀格法则是一个关于态度的管理法则。

费斯汀格法则由美国社会心理学家费斯汀格提出，他说："生活的 10% 是由发生在我们身上的事情决定，剩余的 90% 由我们对这些事情的态度决定。"生活的好与坏虽然会取决于我们身上发生的事情，但更多取决于我们本身的态度。

团队管理出现问题时，你可以选择对员工撒气，也可以选择平心静气，就事论事，尽快解决问题。有人说，一家企业的运营高度取决于老板的态度。每家企业、每个团队都会遇到风浪，最关键的是船长此时的态度如何。我们可以掉头就走，也可以迎风前行，或许会撞上冰山，或许也会乘风破浪。

092

5W1H 分析法:
科学拆解新项目

5W1H是一套非常实用的分析法则,由美国政治学家拉斯维尔提出,又称六何分析法。它具体包括:

对象(What):这件事是什么?

原因(Why):为什么要做这件事情?它的背景和目的是什么?

地点(Where):在哪里做这件事情?是线上还是线下?是具体的某个渠道吗?

时间(When):什么时候完成这件事情?

人员(Who):谁来做这件事?

方法(How):怎么来做这件事?它是执行的核心,可能是单一的,也可能是周期性的。

无论是什么样的项目,只要通过5W1H分析法进行分析,就能有一个深刻、科学的答案。

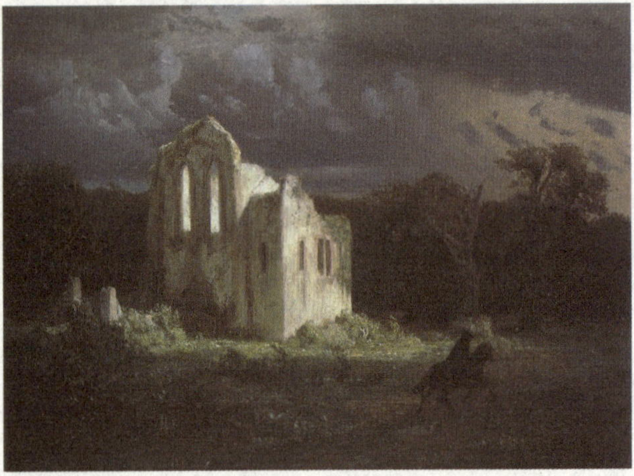

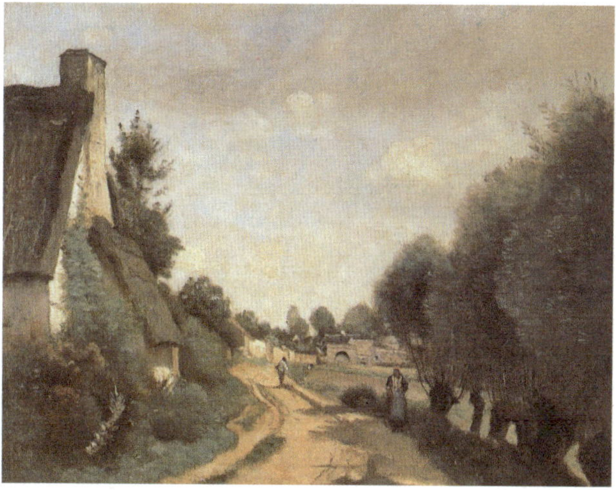

093

GRAI 复盘法：
学会正确复盘

复盘是管理者最重要的能力。

GRAI复盘法包括四要素：

G—Goal（回顾目标）：目标永远是最重要的要素，每次复盘或制定战略，请多问自己几次，你的目标是什么？

R—Result（评估结果）：明确目标之后，就能清楚地了解工作完成得如何。有时候团队工作得很辛苦，但与目标毫无关系，这时候一定要冷静复盘，切勿被无谓的努力绑架。

A—Analysis（分析原因）：如果工作完成了，做好复盘，评估是否可以复制在下一个项目上；如果工作没有完成，做好复盘则要避免下一个项目出现同样的问题。

I—Insight（总结经验）：总结下次可以复制的经验，避免会给团队和目标拖后腿的错误。

复盘是职场的错题本，时时回顾错误，才能往前走得更快。

094

黄金圈法则:

从内环开始思考

提到创新,一定会想到苹果公司。那么他们为什么能做到十年如一日地创新呢?美国营销顾问西蒙·斯涅克在研究过后,提出了一个模型,叫作"黄金圈法则"。

管理者在做决策时容易"拍脑袋",听了一个讲座、参加了一个会议,回来立刻开始实施。这种风风火火的管理者启动的项目,能否成功,全看运气。

黄金圈法则从内到外,分为 Why(为什么做)、How(怎么做)、What(做什么),是管理者应当具备的思考方式。无论是启动一个项目,还是组建一个团队,都要想明白为什么做这件事,目的永远是第一重要。在想清楚为什么做的基础上,思考如何去做,分析做什么事情。

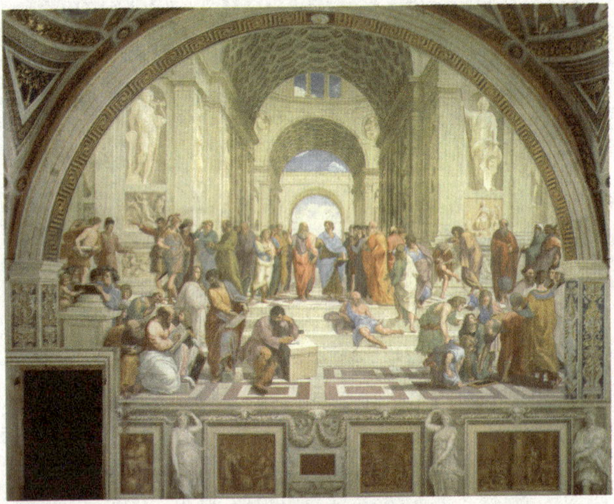

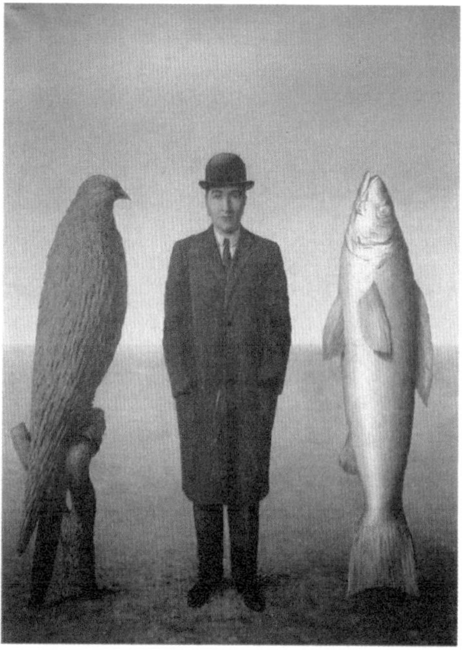

095

鱼骨图分析法:

你会因果分析吗?

结果是由各种各样的原因造成的。

鱼骨图分析法，是通过头脑风暴找到影响结果的因素，再对这些因素进行排列。鱼骨图分析法常用于生产分析，主要通过"人员、机器、物料、方法、环境"五个要素进行分析，从而找到各因素间的因果关系。

制作鱼骨图的步骤：

● 确定问题，进行分析。

● 通过头脑风暴对问题进行分析，确保找出所有可能的原因。

● 对原因进行归类，确定彼此之间的逻辑关系，例如重复、总分等。

● 进行分析，选择重要的原因进行要素分析。

096

心智带宽:

你的带宽在下降吗?

在一本风靡网络的书《稀缺》中,作者哈佛大学行为经济教授家塞德希尔·穆来纳森首次提出了"心智带宽"这个概念。

什么是心智带宽呢?

可简单理解为心智的容量,即当你在遇见问题时,大脑所能思考的深度和广度。你有没有觉得看多短视频后,你的大脑需要一段时间的缓冲,才能回归到现实世界中?那是因为你的心智带宽在短平快视频的影响下变低了,你能思考的深度和广度都变浅、变窄了。

毋庸置疑,当心智带宽下降时,人的认知力、行动力和自控力都会下降,智商甚至也会下降。作为管理者,要时刻对自己的心智带宽保持关注,不仅不能下降,还要努力让其保持增长,这样才是一个合格的管理者。

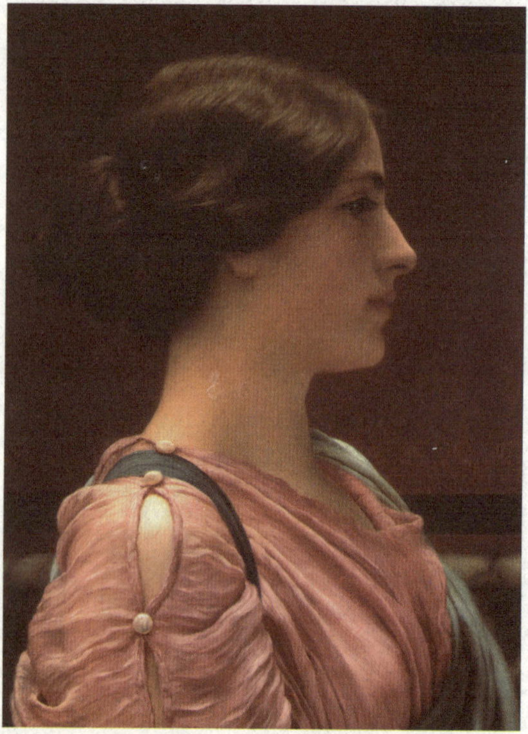

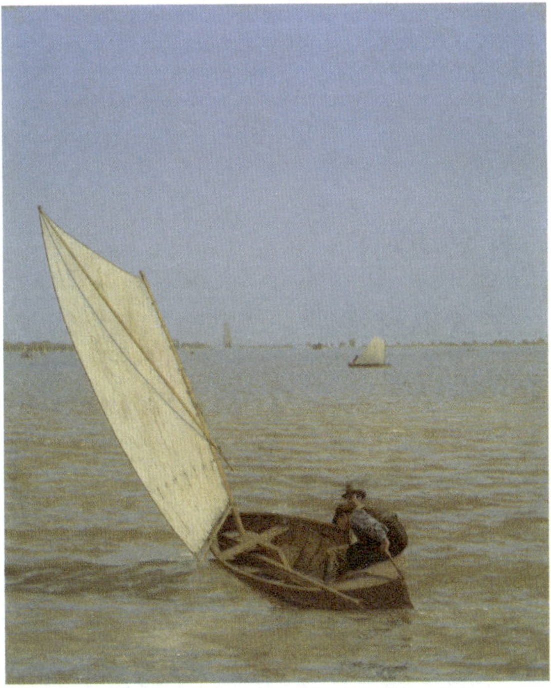

097

杜嘉法则:
学会以身作则

杜嘉法则很简单：要让别人动起来，首先你得动起来。上行下效，以身作则。

它由美国全国疾病研究中心教授L·杜嘉提出，包括四个法则：

•尾随其后，无人听令：作为管理者，如果不先行动，又如何能说服员工动起来呢？

•以身作则：光喊口号不够，要知道做了什么比说了什么更重要。优秀的管理者，永远是最好的榜样。

•保持优秀：不管做什么，尽可能比下属更优秀，这样他们才会更加信服你！

•隐藏悲观：下属可以悲观，但你不能。管理者承担着激励团队的职责，必须肩负起自己的重担！

杜嘉法则做起来简单，但真正执行却很难。努力从今天开始做吧！

098

乔哈里资讯窗：
拒绝无效沟通

人际沟通是管理者最重要的技能之一。

乔哈里咨询窗是一种关于沟通的技巧。它将沟通分成四个部分：

公开区（Open Arena）：企业或个人都知道的消息。你知我知，人人皆知。

隐藏区（Hidden Facade）：你知道但别人不知道的消息。

盲区（Blind Spot）：别人知道但你不知道的消息，属于你的盲区。

封闭区（Closed Area）：不管是企业还是个人，大家都不知道的消息，但它对其他部分可能会产生未知的影响。

理想的沟通状态是双方都处于公开区，这样沟通效率最高。但现实中，双方经常处于隐藏区、盲区甚至是封闭区，而且有时候你认为你们在公开区，其实是在盲区，常常产生无效沟通。因此，作为管理者，在开启一场重要的对话前，一定要确认你们是否处于公开区。

099

达克效应:
你的团队里有冒充者吗?

无知比知识更容易让人产生自信。

——达尔文

什么是达克效应?

如果你真的无知,你就不会知道你自己无知,即越是愚蠢的人越容易因为缺乏自知之明而充满自信,与之相反,越有能力的人反而对自己的评价越谦虚。

作为管理者,你一定有各种性格的下属,学会分辨他们是真材实料还是无能自大也是一门重要的功课。要适时激励那些有真本事却陷入达克效应的下属,也要及时清理那些因无知而盲目自信的下属,让你的团队充满精兵强将,而不是残兵败将。

管理者自己也要克服达克效应的影响,该前进的时候就要带着团队向前冲!

100

ESG:
下一个全球趋势

ESG 是环境（Environment）、社会（Social）、治理（Governance）三个关键词的英文字母缩写，指以环境友好、社会友好、治理绩效作为评价一家企业好坏的标准。

ESG 是一种可持续发展的理念，致力于让企业在生产运营中在关注自然环境和承担社会责任的基础上，创造更好的治理绩效。绿色低碳已经成为全球趋势，企业发展也将跟随这股潮流，而作为管理者，自然要未雨绸缪，及时了解相关的概念与趋势。

从 ESG 理念延伸出来的有 ESG 投资、ESG 营销等，既是挑战也充满机遇，管理者若把握得当，会为企业带来新的增长！

ESG 是一种新流行起来并且未来将长期发展的趋势。

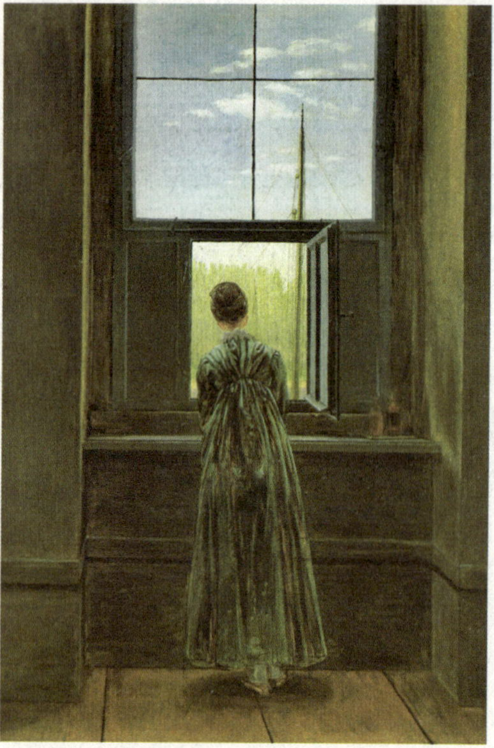

索引

001　　101℃理论：在绝境中找到新的生机 —— 002

002　　羊群效应：学会培养你的头羊 —— 004

003　　波特五力分析模型：你必须懂的竞争分析 —— 008

004　　学习型组织：以变求不变 —— 010

005　　532 绩效考核模型：让员工既竞争又合作 —— 014

006　　倒金字塔管理法：学会让渡决策权 —— 016

007　　阿米巴经营：打造生命力最强的企业 —— 020

008　　破窗谬论：警惕团队虚假繁荣 —— 022

009　　不确定性决策：不确定是唯一的确定 —— 026

010　　幂律分布：找到那个关键点 —— 028

011　　风险性决策：学会缩小风险阈值 —— 032

012　　滚动计划法：动态制订你的规划 —— 034

013　　管理幅度：你适合管几个人？ —— 038

014　　激励保健因素：正确激励你的员工 —— 040

015　　目标管理：团队管理的进阶 —— 044

016　　SMART 原则：心怀星空，但脚踏大地 —— 046

017　　危机管理：危机亦是机会 —— 050

018　　帕金森定律：打造高效团队 —— 052

019　　博弈论：生活无处不在博弈 —— 056

020　　7S 模型：思考维度决定企业高度 —— 058

021　　凯利归因模型：学会正确归因 —— 062

022　　注意力经济：从小惊叹到大收益 —— 064

023　　敏捷组织：让团队快速作战 —— 068

024　　PDCA 循环：让你摆脱瞎忙！ —— 070

025　　权变理论：当一个善变的管理者 —— 074

026	ABC 分析法：分清主次很重要 —— 076	
027	柯氏四级培训评估模式：让知识流动起来 —— 080	
028	感性营销：情感是一种溢价 —— 082	
029	绿色营销：全球不可逆转的趋势 —— 086	
030	标杆分析法：知己知彼，百战不殆 —— 088	
031	宽容管理：宰相肚里能撑船 —— 092	
032	品牌管理：让产品永不过时 —— 094	
033	4P 营销理论：经典永不过时 —— 098	
034	4C 营销理论：学会以用户为核心 —— 100	
035	4R 营销理论：你与客户关系如何？ —— 104	
036	利基营销：中小企业的专属策略 —— 106	
037	平衡计分卡：这样实现企业战略目标 —— 110	
038	动态薪酬：学会跟员工谈钱 —— 112	
039	价值管理：让企业实现可持续发展 —— 116	
040	人格管理：让员工"死心塌地" —— 118	
041	鲇鱼效应：生于忧患，死于安乐 —— 122	
042	精益管理：提升企业运作效率 —— 124	
043	DEI 理念：如何吸引人才 —— 128	
044	华盛顿合作定律：拒绝偷懒 —— 130	
045	手表定律：学会放弃 —— 134	
046	领导力：你是一个好领导吗？ —— 136	
047	T 型管理：让知识流动起来 —— 140	
048	K 型管理：我们终将变得更好 —— 142	
049	学习力：活到老学到老 —— 146	
050	人性管理：管理的本质 —— 148	

051	情感管理：学会建立情感链接	152
052	剧场效应：避免无意义的内卷	154
053	反事实思维：学会往前看	158
054	思维反刍：让下一次更好	160
055	时间管理：管理优先级	164
056	1分钟管理法：低成本高效率	166
057	不作为惯性：避免做出错误选择	170
058	约翰逊效应：人生的通透	172
059	第一性原理：学会回归本质	176
060	情绪ABC理论：学会拆解你的情绪	178
061	熵增定律：演化终极规律	182
062	垃圾人定律：你的团队健康吗？	184
063	21天效应：快速养成一个习惯	188
064	猴子管理法则：高效管理你的团队	190
065	懒蚂蚁效应：懒于杂务，才能勤于动脑	194
066	踢猫效应：学会情绪管理	196
067	十七条黄金定律：成功的快捷之径	200
068	马蝇效应：激发团队活力	202
069	海潮效应：学会吸纳人才	206
070	飞轮效应：让你的团队飞起来	208
071	结构化思维：让思考更有逻辑性	212
072	焦点法则：集中力量办大事	214
073	成长型思维：做个成长型领导	218
074	大石头理论：找到你的大石头	220
075	曼陀罗思考法：高效思考法则	224

076	SWOT 分析模型：学会战略分析 —— 226
077	MBTI 人格理论：职业人格评估工具 —— 230
078	KISS 复盘法：你会复盘吗？ —— 232
079	六项精进：稻盛和夫的秘诀 —— 236
080	鳄鱼法则：要勇于舍弃 —— 238
081	企业健康管理：健康的员工打造健康的企业 —— 242
082	华为铁三角：打造你的金牌团队 —— 244
083	波士顿矩阵法：企业战略流行法则 —— 248
084	情绪智力：你的情商高吗？ —— 250
085	名片效应：如何快速说服对方 —— 254
086	螃蟹效应：你的团队有拖后腿的人吗？ —— 256
087	跳蚤效应：不要给自己设限 —— 260
088	光环效应：学会正确识人 —— 262
089	让步效应：你会谈判吗？ —— 266
090	缄默效应：学会正确批评下属 —— 268
091	费斯汀格法则：你的态度至关重要 —— 272
092	5W1H 分析法：科学拆解新项目 —— 274
093	GRAI 复盘法：学会正确复盘 —— 278
094	黄金圈法则：从内环开始思考 —— 280
095	鱼骨图分析法：你会因果分析吗？ —— 284
096	心智带宽：你的带宽在下降吗？ —— 286
097	杜嘉法则：学会以身作则 —— 290
098	乔哈里资讯窗：拒绝无效沟通 —— 292
099	达克效应：你的团队里有冒充者吗？ —— 294
100	ESG：下一个全球趋势 —— 296